AF142723

Wuff dich happy!

Hector W. Schmitz

Wuff dich happy!

Zum Glück ein Hund

Bibliografische Information der Deutschen Nationalbibliothek
Die Deutsche Nationalbibliothek verzeichnet diese Publikation in der Deutschen Nationalbibliografie; detaillierte bibliografische Daten sind im Internet über http://dnb.d-nb.de abrufbar.

© 2024 Hector Wilhelm Schmitz, Hattingen

Alle Nutzungsrechte dieser Ausgabe bei
Gardez! Verlag Michael Itschert
Richthofenstraße 14
42899 Remscheid
www.gardez.de

Lektorat und Korrektorat
Michael Itschert und Roland Reischl

Satz
Roland Reischl, Köln

Umschlaggestaltung
Sandra Ullrich, Remscheid

Umschlagbild
Hundefoto: © Hector Wilhelm Schmitz, Hattingen
Hundegrafik: © hanaschwarz – stock.adobe.com

Druck
TZ-Verlag & Print GmbH, 64380 Roßdorf
Printed in Germany.

Originalausgabe, 1. Auflage 2024

ISBN 978-3-89796-305-4

Danke an

Wiltrud und Winfried aus Haltern am See: Ihr habt den kleinen Feivel vom Siebenteufelsturm – alias Sam alias Elvis – in seinen ersten Lebenswochen so liebevoll auf die Reise mit uns vorbereitet. Was war das schön, die Handvoll Hovawart zum ersten Mal bei euch in den Arm zu nehmen!

Diese Zeilen hier sind für meinen Schatz Tanja. Danke für deine Geduld und für deine Liebe.

Und ich schreibe sie in Erinnerung an meine Mutter Helga, die gerne mit unseren Familienhunden draußen war. In allen Lebenslagen, bei Wind und bei Wetter: Grüße von hier aus an Molli, Tino, Senta und Jonas aus Kinder- und Jugendzeiten. Wir vergessen euch nicht einen Tag.

WUFF UP YOUR LIFE!

Wenn er mit Macht nach draußen will, im Regen und im Sonnenschein, ist Sam, der Hovawart, besser als jede Fitness-App. Jeden Schrittzähler bringt der Hund im Nu ans Limit. Sam pfeift auch auf KI und auf das beste Netz der Welt. Alles, was für ihn zählt, ist analog und geradeaus. Auf dem Weg zur Feierabendrunde an der frischen Luft wird der innere Schweinehund am Wegesrand einfach mal eben weggebellt und kommt so schnell nicht wieder. Zwei bis drei Gänge schaltest du runter. Mindestens. Und wenn das Handy erst einmal schweigt, zeigt dir dein Hund, wie gut es ist, endlich wieder nach vorne zu schauen, zum Horizont, in den Himmel – und nicht immer nur nach unten.

Leine(n) los!

Willkommen also in der großen, weiten Hundewelt! Dürfen wir vorstellen? Hier kommt Feivel, alias Sam, alias Elvis! Und nicht nur dem Hovawart mit Rock & Roll im Blut sind die folgenden Seiten gewidmet. Dieses Buch hier über sein erstes Jahr auf der Welt ist für euch alle da draußen: Du willst runterkommen und deinem Leben eine neue Richtung geben? Du hast genug von digitalem Firlefanz und schlechten Nachrichten auf diversen Kanälen? Du willst dich entschleunigen? Und gemeinsam mit deinem Kameraden oder deiner Kameradin auf vier Pfoten die Welt da draußen erkunden? Und dabei Landstriche entdecken, in denen du noch nie zuvor gewesen bist, obwohl sie vor deiner Haustür liegen? Du bist bereit, dafür bis auf Weiteres dein Wohnzimmer (und vieles andere in deinem Leben auch) so umzuräumen, dass bloß nichts zu Bruch geht, nachdem dein Hund am *Dog Day* bei euch eingezogen ist?

Dann wuffst du hier richtig! Dann mögen dich diese Zeilen auf eurem Weg Seite an Seite begleiten. Und dir vielleicht aus der Seele sprechen, solltest du auf deiner Reise schon ein Stück weiter sein. Auch wenn jeder Hund natürlich anders ist. Auch wenn jeder Hund seinen eigenen Kopf und seinen eigenen Charakter hat. Was sie alle miteinander verbindet, sobald sie im neuen Zuhause angekommen sind? Das sind die vielen Premieren, die es in der ersten Zeit gemeinsam zu erleben gibt. Mit allen Höhen und mit allen Tiefen, sobald es an die Grenzen geht und du dich fragst, ob du dem allem wirklich gewachsen bist.

Denn nicht selten erlebst du mit dem Familienzuwachs auf vier Pfoten so ziemlich genau das, was man auch mit kleinen und großen Kindern daheim zu rocken hat – und das rund um die Uhr. So werden wir hier gemeinsam lachen, nachdenken und voneinander lernen. Und werden auch mal die Zähne zusammenbeißen, wenn es nicht so rund läuft über Stock und Stein. Das hier ist ein Manifest mit Seele und Rock & Roll. Eines für alle, die einen Hund in ihr Herz schließen möchten – egal, woher er kommt, *und was er für einer ist*. Nicht mehr, aber auch nicht weniger.

Du hast unterwegs im Leben irgendwann deinen inneren Kompass verloren? Er ist dir abhanden gekommen auf der sich immer schneller drehenden Welt, einfach so? Dann kannst du dich freuen: Dein Hund findet den Kompass wieder, selbst im hohen Gras, früher oder später, und bringt ihn dir zurück – mit treuem Blick. Nimm das Navi für dein Herz dann bloß an und belohne den Finder auf vier Pfoten, so gut es nur geht. Und egal, in welche Richtung ihr dann Seite an Seite loslauft: Jede noch so weite Reise beginnt mit dem ersten Schritt. *Also Leine(n) los: Das Abenteuer kann beginnen.*

Willkommen am *Dog Day!*

Heute ist es so weit. Heute schließt sich endlich der Kreis, um gleich darauf einen neuen zu öffnen. Sam, der kleine Hovawart, zur Welt gekommen am 2. Mai 2023, mit einem Startgewicht von gerade mal 540 Gramm, kommt in sein neues Zuhause, wo schon alles für seine Ankunft vorbereitet ist. Und das seit Wochen. Heute wird es also ernst, heute ist der große Tag – und mit dem *Dog Day* beginnt nichts anderes als ein neuer Lebensabschnitt. Für den Hund im Welpenalter, erst seit Kurzem auf der Welt. Und für uns als seine neuen Begleiter im familiären Rudelverband.

Nichts bleibt heute, an diesem sonnigen Tag im Juli, dem Zufall überlassen. Auch wenn wir drei in den nächsten Stunden selbst bei bestem Wetter immer nur auf Sicht fliegen. Und unsere Herzen dabei so manches Mal schneller schlagen. *Lampenfieber!* Hovawart Sam ahnt nicht, dass eines Tages ein Buch unsere gemeinsame Geschichte erzählen wird – stellvertretend für tausende andere, die sich täglich so zutragen, überall in Deutschland, wenn sich Hunde zu uns auf die Reise machen. Willkommen in unserer kleinen Welt! Willkommen in diesem Sommer, der so manches verändern wird. Und das ist gut so.

Der Countdown läuft ...

Gut 50 Kilometer Autobahn liegen zwischen dem kleinen Hovawart und uns. In den vergangenen Wochen sind wir die Strecke nach Haltern am See immer wieder gefahren, um den Welpen bei seinen Züchtern im Garten regelmäßig zu besuchen und uns entspannt mit ihm vertraut zu machen. *Feivel vom Siebenteufelsturm* ist sein Geburtsname. Und gemeinsam mit seinen acht nicht minder putzigen Geschwistern hat er bei Wiltrud und Winfried seine ersten Wochen auf dieser Welt verbracht. Zuerst in der *Wurfkiste*, dann auf dem Spiel- und Kuschelgelände gleich neben dem Gartenhaus, stets gut behütet und bestens versorgt.

Schon bei der ersten Begegnung ist uns der kleine Mann mit Stupsnase, der gerne mal ein Nickerchen macht, während die anderen Hovawart-Welpen um ihn herumtollen, ans Herz gewachsen. Und spätestens, als wir ihn auf den Arm nehmen dürfen, ganz vorsichtig, ist es um uns Menschen geschehen, beim Welpenkuscheln, wieder und wieder. Sam wird der kleine Racker aus dem F-Wurf auf Dauer heißen und bald auch noch einen klangvollen Aliasnamen bekommen, zu dem wir später mehr verraten. An dieser Stelle nur so viel: Das hat mit Rock & Roll zu tun und mit einer ebenso schicksalhaften wie wegweisenden Begegnung kurz vor dem großen Tag.

Doch erst einmal heißt es am *Dog Day* Abschied nehmen, nachdem die letzten Formalitäten für die Übergabe des Hundes erledigt sind: Selbst nach all den Jahren als Züchter hat der gute Winfried an der Seite seiner Frau Wiltrud am Gartentor Tränen in den Augen stehen, wenn auch sehr gefasst: weil wir wissen, dass wir uns alle wiedersehen werden auf dem Hovawart-Trainingsplatz, in ein paar Wochen schon, wenn Feivel alias Sam gut angekommen ist in seinem neuen Zuhause. *Mach's also gut auf deiner Reise, kleiner Mann.* Und mit dem Mini-Hund auf dem Arm geht es ganz vorsichtig vom Welpenparadies zum Auto. In einem Hollywood-Film wäre spätestens jetzt Streichermusik fällig, aber der fröhliche Gesang der Vögel in den Gärten nebenan geht auch in Ordnung.

Spätestens jetzt ist klar: Nun sind wir Feivels neue Familie. Und wir wissen, welch große Verantwortung wir mit dem kleinen Mann hier übernehmen. Wie schön ist es da, dass wir am *Dog Day* neben all den wichtigen Dokumenten inklusive Heimtierpass und tiermedizinischen Unterlagen auch eine liebevoll gestaltete Familienchronik in Wort und Bild überreicht bekommen. Fotos von Feivel und seinen Eltern Donna und Dali sind darin ebenso enthalten wie eine detaillierte Ahnentafel, Lebensläufe, Anekdoten, Schmonzetten und wertvolle Tipps gerade für die erste Zeit mit Hovawart. *Besser geht es nicht.*

Kurz und schmerzlos soll der Abschied am Gartentor erfolgen, wie besprochen, und dann geht es auch schon mit dem Hund auf dem

Arm ins Auto, wo Sam gleich neben seiner künftigen *Mama* auf dem Rücksitz Platz nimmt, auf seiner Hundedecke mit dem vertrauten Geruch seines bisherigen Zuhauses. Ein warmer und überaus spannender Sommertag nimmt seinen Lauf, und nachdem der Postbote gleich neben dem Wagen kurz innegehalten hat, um den Junior-Hund anzulächeln, sind die Türen geschlossen und der Motor gestartet. *Alles bereit? Alles bereit!* Vor uns liegt keine Straße, sondern eine Startbahn. Und wir drei ahnen noch nicht, dass uns das Briefträger-Lächeln in den kommenden Wochen, Monaten und Jahren noch so manches Mal begegnen wird, sobald wir mit Feivel alias Sam unterwegs sind und uns Menschen mit Seele begegnen.

Highway to bell: Auf dem Weg nach Hause

Jetzt geht es im Schritttempo aber erstmal aus der Wohnsiedlung hinaus Richtung Autobahn und über den *Highway to bell*, den die Zweibeiner hier allgemein als A43 bezeichnen, direkt ins neue Heim. Wie oft ich auf großer Fahrt unterwegs in den Rückspiegel geschaut habe, um die beiden auf dem Rücksitz zu beobachten, lässt sich rückblickend nicht mehr beziffern.

Aber das zweite Dutzend ist spätestens am ersten Autobahnkreuz auf dem Weg durchs Ruhrgebiet voll. Im Grunde genommen hätten wir drei uns am *Dog Day* auch ein hübsches Blaulicht auf dem Wagendach verdient: *Achtung, ihr Bleifüße und PS-Protze auf der Überholspur, die ihr mit gefühlten 200 Sachen an uns vorbeijagt, weil heutzutage ja alles immer schneller, immer weiter und immer höher gehen muss: Wir transportieren hier wertvolle Fracht mit Adelstitel! Also immer schön Abstand halten und einfach weiterheizen, warum und wohin auch immer.*

Und natürlich meldet sich der kleine Feivel vom Siebenteufelssturm unterwegs jaulend auf seinem gepolsterten Logenplatz, die Hundedecke mit den beruhigenden Duftmarken seiner Mutter und seiner Geschwister stets in Riechweite. *Wo um Himmels Willen geht es hin?* Wenig später wird es allerdings stiller und stiller auf den hinteren Plätzen, während die gut 50 Kilometer auf dem Weg nach Hause, zäh wie Kaugummi, gefühlt zu 500 werden und die letzte Autobahnabfahrt nach einer halben Ewigkeit endlich, endlich in Sicht kommt.

Bald sind wir da, Sammy! Durchhalten, ihr beide da hinten! Jetzt geht es nur noch über die Landstraße mit ihren Kaffeemühlenkurven und Schlaglöchern, die mittlerweile so groß sind, dass Kühe daraus Regenwasser trinken könnten, und wir haben unser Ziel erreicht. Und auch wenn der kleine Hovawart seine erste große Autofahrt relativ entspannt hinter sich gebracht hat, fühlt sich sein Chaffeur bei der Ankunft daheim auf dem Land wie ein Stuntman nach einem *Mission-Impossible*-Drehtag mit Tom Cruise. Der Wagen hält, der Motor verstummt, die Menschen schnallen sich langsam aber sicher ab, und in wenigen Sekunden wird Hovawart Sam seine Pfoten erstmals auf heimischen Boden setzen. Ein kleiner Schritt für einen Welpen, aber ein großer für sein neues Rudel.

Sie haben ihr Ziel erreicht

Wir sind da. Wie bloß wird der Hovawart, bei der Wurfabnahme immerhin schon über acht Kilogramm schwer, seine ersten Meter im neuen Zuhause meistern? Wie wird ihm wohl der Garten gefallen? Und wie das Wohnzimmer, wo inklusive Hundebett schon alles vorbereitet ist? Wird Sam das alles mit größtmöglicher Vorsicht erkunden? Oder wird er in Kurven das Gleichgewicht verlieren und einfach umfallen, wie das schon im Welpenparadies von Wiltrud und Winfried immer mal wieder für Heiterkeit gesorgt hat? Fragen über Fragen, die Sammy nach seiner Ankunft erstaunlich gelassen beantwortet – bei seiner allerersten Inspektionsrunde.

Spektakulär unspektakulär: Der Mini-Hund nimmt sich, sobald er das Auto hinter sich gelassen hat, direkt mal Zeit für einen ausgedehnten Spaziergang durch den Garten mit seiner großen, alten Buche, die im Sommerwind rauscht und dem kleinen Mann spontan Schatten spendet. Er schlendert am Gewächshaus vorbei und hoppelt an Hecken, Bäumchen und Büschen entlang. Mit einem Tusch in Gedanken, als Sam sich zum ersten Mal verbeugt, um nach der großen und langen Überfahrt auf seiner Heckseite mit Stummelschwanz den kleinen Dingen des Lebens freien Lauf zu lassen. Und das im wahrsten Sinne des Wortes.

Danach geht es langsam aber sicher über die Holzterrasse durch die offen stehende Schiebetür ins Wohnzimmer. Der Grill aus Aluminiumblech funkelt in der Sonne und erhebt sich neben dem putzigen Hovawart so machtvoll wie ein Hochhaus. Es wird nur ein

paar Wochen dauern, bis der dann nicht mehr ganz so kleine Hund das Bratwürstchen-Ensemble auf dem Grillrost auf Augenhöhe beobachten kann, im Schnuppermodus und mit einem Hauch von Sehnsucht im Blick. Auf dem Parkettboden im Wohnzimmer angekommen, hält Sam inne und ordnet sich direkt als Linksabbieger ein, um einen Blick auf das zu werfen, was Menschen *Küche* nennen. Keine Überraschung: Das hier wird schon bald einer seiner Lieblingsplätze im Haus – was nicht nur am frisch gefüllten Wassernapf gleich neben der Tür liegt.

Bei seiner ersten Hausrunde biegt Sam so flink um die Ecken, dass man ihm mit der Kamera im Anschlag kaum noch folgen kann. Klarer Vorteil kurzer Beine und samtweicher Stoßdämpfer in Pfotenform. Das hier ist Neugier pur, und als es für Sam nun mit Vollgas wieder hinaus auf den Rasen und über die angrenzende Blumenwiese in der Sommersonne geht, jetzt noch schneller hoppelnd, ist die Magie des Tages perfekt. Ob der kleine Hovawart schon ahnt, dass sein kuscheliges Hundebett in UFO-Form in wenigen Stunden vom Wohnzimmer aus ins Schlafzimmer verlagert wird, damit er in seiner ersten Nacht im neuen Zuhause nicht einsam ist? Wir werden sehen. Noch ist es hin bis zum Ende dieses denkwürdigen Tages. Einen nicht unerheblichen Teil davon verbringt Hovawart Sam wahlweise tief schlafend oder im Standby-Modus vor sich hin dösend. Kompakt zusammengerollt auf der Wolldecke oder ausgestreckt auf Dielen, Fliesen und im Gras, und das in allen erdenklichen Schräglagen. Wer die ersten Wochen stets an der Seite seiner Mutter Donna und seiner putzmunteren Geschwister Faxe, Fietje, Filou, Fee, Fine, Flora, Franzi und Frida verbracht hat, scheint jetzt erstmal die verschwiegene Stille hier draußen zu genießen. Gut so: Jetzt können auch die Menschen durchatmen und den *Dog Day* genießen – mit dem kleinen Racker immer im Blick.

Wie schön, dass Sam nun endlich bei uns gelandet ist und schon nach den ersten durchgeschnupperten Stunden ahnen lässt, dass sich viele Dinge ändern werden an seiner neuen Postadresse. Viel Zeit, viel Geduld und viel Ausdauer wird das alles hier brauchen, soviel steht fest. Doch auch hier ist der Weg das Ziel: Das letzte Wort am *Dog Day* haben deshalb Wiltrud und Winfried. Sie haben den kleinen Sam alias Feivel in seinen ersten Lebenswochen mustergültig begleitet und auf das Leben mit uns hier draußen vorbereitet. In das Familienbuch des Hundes haben sie das hier geschrieben: *Der Hovawart ist der beste Freund, den du jemals haben wirst. Ein treuer Gefährte, der dich mehr lieben wird als sich selbst.*

Die erste Nacht

Sie verläuft, wie sollte es auch anders sein, ebenfalls im Standby-Modus, aber unerwartet ruhig, was alles andere als selbstverständlich ist: Wird der kleine Hovawart seine Mama und seine Geschwister vermissen, winseln, aufstehen und überall nach ihnen suchen? Werden wir ihn dann beruhigen können, indem wir uns einfach neben ihn legen und unsere Bandscheiben bis zum Morgengrauen einem Härtetest unterziehen, weil wir selbst nicht mehr die Jüngsten sind? Wird den Hund eine Kuscheleinheit beruhigen? Und wird er sich rechtzeitig melden, wenn er nach draußen muss? Wieder ein Berg aus Fragen, auf den du dich noch so gut vorbereiten kannst: Den letzten Wuff hat immer der Hund.

Doch es bleibt erstaunlich ruhig in dieser ersten Nacht. Auch wenn wir immer wieder einen Blick in Sams Kuschel-UFO neben dem Bett werfen, wo das Hundekind tief und fest schläft neben Spieltieren, die fast so groß sind wie der Hovawart selbst. Um 3.28 Uhr geht es raus in den Garten, im Schein von Taschenlampen, um zum ersten Mal zu nachtschlafender Zeit Geschäftliches zu erledigen, bevor wir drei uns alle wieder hinlegen. Und weiterschlafen. Betriebsunfälle mit anschließenden Wisch-Einsätzen werden sich in den kommenden Tagen und Nächten zum Glück nicht ereignen. Dafür jedoch *dolle fünf Minuten*, vorzugsweise am späten Nachmittag oder am frühen Abend: Dann zeigt der kleine Hovawart nicht selten im Tempo eines geölten Blitzes, was alles an Energie in ihm steckt, sobald es darum geht, draußen im Garten und drinnen im

Haus spektakuläre Abkürzungen zu nehmen oder im letzten Moment Vollbremsungen in die Wege zu leiten, die filmreifen Stunts in nichts nachstehen und alles daran setzen, die Grenzen der Physik auszutesten. Wobei letztere natürlich immer die Oberhand behält und den Hovawart mit Macht in seine Schranken weist. *Life is Rock & Roll!* In solchen Momenten kann selbst der besagte Herr Cruise einpacken: Ethan Hunt wird dann kurzerhand zu Ethan Hund.

Die erste Nacht im neuen Zuhause ist jedenfalls geschafft, und draußen singen die ersten Vögel, als es in den neuen Tag geht und nach Sonnenaufgang erstmal eine Portion Futter ansteht für das ganze Rudel. Für die Großen gibt es dazu Kaffee und für den Kleinen frisches Wasser. Sam ist jenseits aller Näpfe schon jetzt außer Rand und Band – und freut sich bereits auf die nächsten Stunden.

Die wilden fünf Minuten

Unser neuer Mitbewohner hat näher betrachtet zwei Seiten: Meistens ist er Sam, der gelehrige kleine Hovawart in Vollzeit, der seine Lieblingsmenschen aufmerksam dabei beobachtet, wie sie ihm etwas beibringen wollen beim Großwerden. Und wenn es erst einmal nur darum geht, bitte, bitte keine Holzmöbel, Bildbände oder Schallplatten zu schreddern, wenn man gerade mal nicht aufpasst. Hin und wieder nämlich, in den besagten wilden fünf Minuten, wird Sam zu Elvis.

Und das bedeutet dann nichts anderes als Rock & Roll auf vier Pfoten. Bevorzugt draußen im Garten, sobald der Hovawart mit einem Mal lossprintet, als gäbe es kein Morgen. Mit fliegenden Ohren, die länger sind als sein Kopf. Und mit zwei Hinterläufen, die beide Vorderläufe zwischenzeitlich überholen bei hohem Tempo. Was wiederum dazu führt, dass Elvis, der Schwerkraft folgend, bei einer Vollbremsung auf dem Rasen entweder eine fulmi-

nante Bauchlandung hinlegt oder sich zweimal um die eigene
Achse dreht beim missglückten Richtungswechsel. Ganz so, als
befinde er sich auf einer Eisfläche, um sich Sekunden später auf
dem Rücken liegend zu fragen, was da wohl gerade falsch gelaufen
ist im wahrsten Sinne des Wortes. *Elvis? Alles okay? Sammy? Bist
du das? Erde an Hovawart – bitte melden!*

Gut zu wissen, dass Sams Geschwister ähnlich drauf sind, wie wir
es bald auch beim Welpentraining hören werden: Manche der kleinen Racker scheinen sich dabei passenderweise an den *Tatort*-
Sendeplatz um 20.15 Uhr zu halten. Andere wiederum ticken gerne
schon vor dem Frühstück aus und könnten als Hovawart-Kraft-
werke dann problemlos einen Beitrag zur Energiewende leisten –
wenn man sie nur ließe. Und sobald sich der Spieltrieb mit Voll-
dampf zeigt, bleibt den Hundeeltern auf zwei Beinen eigentlich
nur eines: im Rahmen der eigenen Fitness mitmachen, das wilde
Geschehen möglichst gelassen moderieren, um es dann mehr und
mehr in geregelte Bahnen zu lenken, um größere Blessuren an
Hund, Mensch und Inventar zu vermeiden. Letzteres hat es allerdings schon gegeben, noch bevor der Hund überhaupt bei uns ein-

gezogen ist. Und genau diesem folgenreichen Ereignis, wenige Tage vor dem *Dog Day,* verdankt Feivel alias Sam seinen dritten Vornamen.

Die Sache mit Elvis

Natürlich brauchst du, bevor der Hund zu dir nach Hause kommt, die passende Grundausstattung – etwa zur Einrichtung eines Ruhe- und Futterplatzes wie auch zur Absicherung besonders sensibler Bereiche im Haus und im Garten. In unserem Fall handelt es sich um einen Treppenaufgang mit ingesamt 15 Stufen aus schwarzem Granit. Der lässt sich vorsorglich mit einem Absperrgitter inklusive Durchgangstürchen ausstatten, das sonst bevorzugt bei Babys, Kindern oder unliebsamer Verwandtschaft zum Einsatz kommt.

Gesagt, geklickt: Während du den Großteil des Welpen-Inventars in Fachgeschäften vor Ort kaufst, um den Einzelhandel deiner Stadt zu unterstützen und nicht irgendwann überall in leere Schaufenster zu blicken, orderst du das Treppengitter kurzerhand im Internet. Ohne zu wissen, dass der Paketbote zwei Werktage später beim Zurücksetzen seines Seelenverkäufers mit defektem Rückspiegel einen Moment lang nicht aufpasst und bei der Anlieferung des besagten Gitters mit dem Heck des Lieferwagens kurzerhand die Hausfassade rammt.

Den hohlen Donnerschlag hörst du selbst noch im Arbeitszimmer. *Ein Vogel? Ein Flugzeug? Oder doch nur eine fliegende Untertasse, die es bei der Alien-Invasion nicht ganz bis nach Düsseldorf geschafft hat?* Also schnell raus aus dem Home-Office und hin zur Unfallaufnahme an der Hauswand. Und während du gemeinsam mit dem konsternierten Paketboten, der sich tausendmal entschuldigt für das Malheur, auf das Eintreffen einer gut gelaunten Polizeistreife wartest, erfährst du beim Smalltalk eine Menge über das

Logistikgeschäft im 21. Jahrhundert. Und über den freundlichen Paketboten selbst, der Elvis heißt, aus Afrika stammt, sein Geld schon seit einigen Jahren beim Paketservice verdient und daher fließend Deutsch spricht.

Ein Wink des Schicksals auf den letzten Metern bis zu Sams Ankunft bei uns? Elvis – das wäre doch auch ein prima Name für den kleinen Hovawart aus Haltern am See! Behalten wir einfach mal im Hinterkopf, denn die Würfel bei der Namensgebung sind streng genommen ja schon längst gefallen. Und trotzdem: *Sam Elvis Feivel vom Siebenteufelsturm!* Klingt nach Landadel, und jeder Textbaustein spricht im Grunde genommen für sich: Feivel steht für die Herkunft. Sam(my) für den Rufnamen im neuen Daheim. Und Elvis passt wie die Pfote aufs Auge zu den gelegentlichen Rock & Roll-Ambitionen unseres neuen Mitbewohners. Die schaltet der Hovawart bei Bedarf zu und scheint sich manchmal selbst darüber zu wundern, wozu er als *Hound Dog* dann fähig ist.

Das Treppengitter mit besonderer Geschichte ist wenig später installiert. Und in allen Steckdosen, die für Elvis vom Boden aus zu erreichen sind, stecken jetzt Schutzabdeckungen aus der Familienpackung, wie sie in diesen Mengen sonst nur von Eltern in spe benutzt werden. Da, wo es möglich ist, haben wir vor dem *Dog Day* alle Teppiche bis auf Weiteres entfernt und alle zerbrechlichen Gegenstände in Schränken verstaut oder in Kunststoffkisten deponiert. Für beides bräuchte das Hundekind einen Schulabschluss, um sie zu öffnen und auszuräumen, wenn wir gerade mal nicht aufpassen.

Die ersten Tage

Zu Sams Lieblingsorten zählt von Anfang an, Überraschung, die Küche mit all ihren Schränken, Regalen und Gerätschaften. Der Fress- und der Trinknapf sind hier ebenso platziert wie die Futtertonne mit dickem Bauch, der felsenfest verschlossen ist und so manche Hundert-Gramm-Portion für den Hundemagen bereithält, wenn es an der Zeit ist. Der Teppich im Badezimmer scheint ebenfalls magnetisch zu sein, denn wann immer es sich einrichten lässt, nimmt Sam darauf Platz. Nur die bodentiefe Badewanne gleich nebenan ist dem Hovawart suspekt. Vor allem, wenn sein Herrchen nach Feierabend wie von Zauberhand sein Fell mit Knöpfen und Reißverschlüssen ablegt und dann in der Wanne versinkt. Wo kommt bloß das viele Wasser her, dazu noch mit all den Schaumkronen?

Von der großen Schmutzfangmatte aus, sie liegt am Wohnzimmerfenster, hat Sam unterdessen einen hervorragenden Blick auf alles, was sich im Garten abspielt. Nur die alte Buche, die der Hovawart schon an seinem ersten Tag bei uns umrundet hat, flößt dem Hund Respekt ein. Kein Wunder – verschwindet die Rudelführung immer mal wieder hinter dem Baumstamm, damit der kleine Mann ihr beim Spaziergang auch wirklich folgt. Und das selbst im Sommerregen, wenn Sam lieber drinnen wäre. So ziemlich jeden Quadratmeter im Haus und im Garten macht sich Sam schnuppernd zu eigen, und der neue Mitbewohner lernt täglich dazu. Irgendwann nähert er sich dem frisch gefüllten Napf in der Küche erst, wenn man ihm das vereinbarte Handzeichen gibt. Eine Eigenschaft, die manche Menschen vermissen lassen, und das nicht nur am Hotel-Büffet. *Geduld ist eben alles, und auch sie führt zum Ziel.*

Es läuft also rund in den ersten Tagen, und auch die weiteren Nächte nach dem *Dog Day* bleiben erstaunlich ruhig. Bis der kleine Hovawart irgendwann zwischen vier und fünf Uhr früh an der Bettkante steht, demonstrativ laut mit dem Schwanz wedelt und ihn wie eine etwas zu kurz geratene Peitsche zuerst gegen die Bettwand und dann gegen das Nachtschränkchen mit all den darin schlummernden Erziehungsratgebern für Hunde schlagen lässt. Der langsame Trommelwirbel soll offenbar unterstreichen, dass Herr Hovawart mal eben nach draußen muss. *Der schnelle Elvis:*

Wenn es nicht gerade wieder in Strömen regnet, was in Sams erstem Sommer leider immer wieder vorkommt mit Blitz und Donner, wird diese Mission möglichst zügig erfüllt. Notfalls im Pyjama in Kombination mit genau jenen Pantoffeln, die der Hund tagsüber liebend gerne verspeisen würde, wenn er nur könnte.

Den Hovawart umgehend zu loben, sobald er etwas besonders gut gemacht oder eine Anweisung richtig befolgt hat, zahlt sich schon in den ersten Tagen aus. Ebenso der Griff in den Belohnungsbeutel, der immer in Reichweite ist und dennoch sparsam genutzt wird. Vorausschauend vorzugehen, sobald sich ein Konflikt abzeichnet, gehört ebenso dazu: Und wenn es nur die beiden wie von Sinnen bellenden Bellos am benachbarten Gartenzaun sind, die sofort anschlagen, sobald wir uns mit Sam auf unserer täglichen Tour nähern. *Weitergehen, einfach weitergehen, heißt es dann. Wir bleiben immer schön entspannt und lassen uns nicht eine Sekunde lang beeindrucken.*

Und schon sind die beiden Raubeine vergessen und andere Dinge am Wegesrand von Interesse. Die Duftmarken anderer Hunde gehören schnupperscheinlich ebenso dazu wie die Spuren anderer Tiere. Und wenn es nur Schnecken und Regenwürmer sind, die sich auf dem Weg ins hohe Gras verirrt haben. Sam schaut aufmerksam dabei zu, wie sie möglichst behutsam mit einem Zweig vom Asphalt befördert werden, damit sie auf dem letzten Meter in Sicherheit nicht doch noch einem Autoreifen zum Opfer fallen. Und wir sind uns sicher: Wenn Sam könnte, würde er auch dabei mithelfen. So wie er sich daheim manchmal einen Schuh greift und diesen zwecks Zerlegung zu seinem Schlafplatz trägt, bevor er seine Beute auf dem letzten Meter dann doch noch abgeben muss, schweren Hundeherzens.

Am Ende des Tages fällt Hovawart Sam ganz ohne Hypnose in einen tiefen Schlaf. Laut schnarchen kann er mitunter auch.

Warum sollte das anders sein als beim Menschen? Von besonderen Ereignissen scheint der Hund entsprechend intensiv zu träumen, wenn er mit einem Mal strampelt oder versonnen seufzt. Wer weiß? Vielleicht begegnet er jetzt gerade noch einmal den Bellern aus der Nachbarschaft und will sie am Gartenzaun kurz fragen, warum sie nur solchen Radau machen: *Glaubt ihr wirklich, ihr könnt mich damit beeindrucken?*

Die intensive Schlafphase könnte auch mit Sams Kumpel Ozzy aus China zu tun haben. Ozzy lebt seit einigen Monaten bei Freunden in der Nachbarstadt und hat als Pudel Havaneser Mix (kurz Havapoo) im Zuge eines internationalen Tierschutzprogramms auf dem Weg in sein neues Domizil schon eine weite Reise hinter sich. Neulich war Ozzy erstmals bei Sam zu Besuch, um ihm zu zeigen, wie schnell man mit kurzen Beinen rennen und dabei auch noch Haken schlagen kann wie ein entfesselter Feldhase. All das scheint unserem erschöpften Träumerle jetzt durch den Kopf zu gehen, während er schläft. Und das mittlerweile auch auf dem Sofa gleich neben uns – als angehender Experte für Thriller, Komödien und Nachrichten aus aller Welt. Neulich hatte Sam sogar schon die Fernbedienung neben sich liegen. Wie sie ins Hundebett gekommen ist und wohin der kleine Hovawart programmtechnisch mit dem Knochen aus Kunststoff zu reisen gedachte, bleibt alleine sein Geheimnis.

Grenzenlose Freu(n)de

Was man mit Blick auf junge Hunde immer wieder hört und liest: Sie testen ihre Grenzen aus, gleich am Anfang, nur um zu sehen, wie weit sie gehen können bei der Erziehung ihrer Menschen. Eben erst wieder erlebt, als Elvis der an der Badewanne bereitgelegten Tageszeitung schnell mal eben den Mantelteil entnimmt und ihn sich zwischen die Zähnchen klemmt, um ihn dann schnellen Schrittes Richtung Wohnzimmer zu transportieren. Dabei nutzt der Hund den Vorteil vier kurzer und ausgezeichnet orchestrierter Beine, um bei der anschließenden Verfolgungsjagd immer zwei Nasenlängen Vorsprung zu haben – mindestens. Aber nicht etwa, um nach siegreichem Ausgang auf dem Kuschel-UFO die Nachrichten aus aller Welt zu lesen. Nein, hier geht es augenscheinlich um puren Genuss: Zuerst beabsichtigt Elvis, das Zeitungspapier der *WAZ* in Stücke zu reißen, um es dann – ungeachtet redaktioneller Ressorts – genüsslich zu verschlingen. So lässt sich Journalismus natürlich auch verinnerlichen – wäre da nicht der Abonnent besagter Zeitung, der im letzten Moment Schlimmeres zu verhindern vermag.

Wenig später spezialisiert sich der Hund offenbar aus einem ganz ähnlichen Antrieb heraus auf druckfrische Supermarkt-Prospekte. Diese fischt er gezielt aus der Altpapiertonne, um sie im Garten oder auf der Terrasse beseelt in Stück zu reißen. Für Werbung hat der Hovawart ausgenscheinlich wenig übrig – sieht man mal von TV-Spots für Hundefutter ab, die er kurz vor der *Tagesschau* aufmerksam verfolgt.

Gerne schnappt sich der zu Elvis mutierte Sam morgens auch die Schlafanzughose des Verfassers. Sie sieht nach den ersten Tagen mit Hovawart mittlerweile so aus wie ein Schweizer Käse und wird den Fragmenten des Grabtuchs von Turin bald schon in nichts nachstehen, wenn das so weitergeht beim Gang bis an die Grenze und darüber hinaus. Überaus gerne widmet sich der Hund aber auch sonst der Altpapiertonne in der Küche – zwischen Zeitungen und Zeitschriften stets auf der Suche nach Papprollen und Kassenbons, die sich möglichst schnell und unauffällig herausziehen und verspeisen lassen. *Ka-Ching!*

Gemeinsam mit seinen acht Hovawart-Geschwistern konnte der kleine Sam in Haltern einst noch nach allen Regeln der Kunst spielen, im Welpenparadies herumtollen und dabei auch mal seine Beißerchen benutzen. Machte ja nichts: Seine Schwestern und Brüder sind ja mit Fell versehen und damit entsprechend geschützt. Mit Material dieser Art sind die beiden Menschen in Sams neuem Refugium allerdings nicht ausgestattet, was dann sehr schnell sehr weh tun kann – auch wenn der Hund das gar nicht will. Eine Baustelle im Welpenalter, mit der es viele Hundefreundinnen und -freunde zu tun bekommen. Und auch hier helfen alleine Geduld, Ausdauer und mitunter starke Nerven im Umgang mit Elvis, sobald er mit uns toben will wie mit seinen Geschwistern. Und die perforierte Schlafanzughose? Die wird im Netz jetzt meistbietend verkauft. Entweder als Reliquie aus biblischer Zeit oder als Requisite aus einem frisch abgedrehten Endzeit-Drama. *Drei, zwei, eins, deins: Das höchste Gebot bekommt den Zuschlag.*

Hund – Mensch, Mensch – Hund: Die ersten Wochen und Monate sind prägend, was den ebenso liebe- wie respektvollen Umgang miteinander angeht. In dieser Zeit stellen beide Seiten nichts anderes als die Weichen für die folgenden gemeinsamen Jahre. Was hier falsch läuft, lässt sich später nur noch mit Mühe korrigieren. Lernspiele gehören ebenso in diese Phase wie die Nachtruhe im Standby-Modus, bis der Hund stubenrein ist. Was Letzteres betrifft, haben wir mit Sam großes Glück und sind uns dessen bewusst.

Und auch mit Opa Reinhold, Anfang 80, versteht sich der Hovawart prächtig, was nicht zuletzt daran liegt, dass er beim Besuch im Elternhaus nebenan gleich nach der *Tagesschau* feierlich einen Kaustreifen überreicht bekommt. Zur Belohnung dafür, dass er in seiner Eigenschaft als Rock & Roller nicht auch noch das neben dem Ofen gestapelte Kaminholz zu häckseln versucht. Genau das hat Sam alias Elvis anfangs für eine leicht zu bewerkstelligende und verdienstvolle Arbeit gehalten, die den Menschen Freude macht und ihnen unter dem Strich das Leben erleichtert. Wären da nicht die Unmengen an Spänen auf dem Fußboden, sollte man dem Hovawart aus dem Sägewerk nicht Einhalt gebieten.

Post – Nachricht von Sam

So viel Kinderstube ist die passende Gelegenheit für einen Blick in den Rückspiegel auf großer Fahrt: Die erste Begegnung mit Sam war eine digitale. In Form einer verheißungsvollen Ultraschall-Aufnahme vom Tierarzt, die *Hovawart-Winni* und seine Frau Wiltrud eines Tages mit uns geteilt haben: Demnach erwartet die bildschöne Donna vom Siebenteufelsturm Nachwuchs – und das gleich mehrfach, nach einer folgenreichen Begegnung mit ihrem Artgenossen Dali vom Gut Grone.

Das Bild aus der Tierarztpraxis stammt vom 23. März 2023 und hat daheim damals für spontanen Jubel gesorgt, obwohl es noch eine ganze Zeit dauern sollte, bis der kleine Mann mit seinen Wurfgeschwistern am 2. Mai 2023 zur Welt gekommen ist. Und da der Hund aus einem F-Wurf stammt, hört Sam zunächst auf den Namen Feivel. Als *Welpe Nr. 2* wird der noch winzige Hund im offiziellen Wurfabnahme-Protokoll der Hovawart Zuchtgemeinschaft Deutschland (HZD) bezeichnet und als freundlich und ausdrucksstark beschrieben. Was will man mehr? Wenig später folgten dann die ersten süßen Fotos aus der Wurfkiste in Haltern – und der Rest ist Geschichte.

Welpen-Alarm!

Spätestens, als wir Donna und ihre Welpen zu gegebener Zeit in Haltern besuchen durften, um Feivel und seine putzmunteren Geschwister kennenzulernen, war es um uns Menschen geschehen, sobald die Fellkugel mit kurzen Beinen und Stummelschwanz erstmals in unseren Armen lag und man sich gegenseitig beschnuppert hat. In der Hovawart-Kinderstube ging es derweil zu wie in einem Taubenschlag: Die kleinen Hunde, neun an der Zahl, tobten und tollten nach allen Regeln der Kunst und verlangten ihrer Mutter als

Säuglinge mit Turbo-Antrieb so einiges ab. Und die Zaungäste am Welpenparadies staunten damals nicht schlecht bei so viel Hochbetrieb: *Ein paar Wochen noch, und dann wird sich Feivel alias Sam zu uns auf den Weg machen, am Dog Day. Bis dahin hat der kleine Mann auf vier Pfoten aber noch jede Menge Zeit, um ganz in Ruhe und wohlbehütet auf der Welt anzukommen und Basics zu lernen.*

Hallo Hofwächter!

Und warum ausgerechnet ein Hovawart? Diese Frage gab es im Familienkreis, von Freunden wie auch von Arbeitskollegen vorher immer wieder zu hören. Mit einer Mischung aus Respekt und Ehrfurcht, als wir erzählten, für welche Hunderasse wir uns entschieden hatten. *Hovawarte werden doch ziemlich groß und haben einen ziemlich eigenen Kopf.* Ganz richtig, ihr lieben Leute: Genau wie wir! Und es kommt noch besser, denn der Hovawart macht seinem abgeleiteten Namen alle Ehre, wie ein Blick in die Geschichte zeigt: Schon im Mittelalter haben Bauernhunde der Überlieferung nach als *Haus- und Hofwächter* eine tragende Rolle gespielt und den ihnen anvertrauten Grund und Boden sicher *verwahrt.*

Daraus ist mit der Zeit die nach diesem Wesenszug benannte Hunderasse mit markanten Eigenschaften hervorgegangen: Erst einmal ins Herz geschlossen und als Rudelführer anerkannt, stehen die sportlichen und charakterstarken Hovawarte *ihren* Menschen ebenso treu wie wachsam bei. Und sie bringen sich, wenn die Umstände das erfordern, mit ihren gut 40 Kilogramm Gewicht und etwa 70 Zentimetern Widerristhöhe voll und ganz in ihr Aufgabengebiet ein.

Das wiederum verlangt eine durchdachte und gute Erziehung, bis der *Hovi* seiner in diesem Fall ziemlich großen Kinderstube entwachsen ist. Zwei bis drei Jahre kann das dem Vernehmen nach in

Anspruch nehmen. Nichts für ungeduldige Zeitgenossen also. Und auch nichts für welche, die sich in digitalen Weiten irgendwann in sich selbst verliebt haben und sich im permanenten Selfie-Modus in erster Linie um sich drehen – auf der Suche nach einem geeigneten Schoßhund. Hovawarte brauchen Aufmerksamkeit und Bewegung. Auf Eitelkeiten stehen sie ebenso wenig wie auf Langeweile und ein hippes Leben im Zeitlupentempo, das sich perfekt in Szene setzen lässt. *Rock & Roll geht anders.*

Mit Hovawart Sam wünschen wir uns einen ebenso sympathischen wie aufmerksamen, dynamischen und familientauglichen Hund an unserer Seite. Einen treuen Freund, mit dem man beim Aufwachsen etwas von bleibendem Wert erleben kann, wenn er am Himmel über dem Garten zunächst einen kreisenden Sperber beobachtet und dann einen Jumbo im Anflug auf den Airport in Düsseldorf – mit Fragezeichen im Blick, während der Sommerwind mit dem Zottelfell zwischen seinen immer noch viel zu großen Ohren spielt. Bevor der kleine Racker dann von der einen Sekunde auf die andere auf Elvis umschaltet und wie ein Wirbelwind quer durch sein Revier fegt, weil ihm einfach mal danach ist.

Nach den ersten Tagen stellen wir fest: Schon jetzt hat uns der Hovawart eine Menge zurückgegeben auf der Skala zwischen Zuneigung, Vertrauen, Vorsicht und Rabaukentum. Und der ganzen Erziehungsratgeber-Literatur zum Trotz, haben letzten Endes nur wir selbst es in der Hand, wie und wohin sich der Hund auf Dauer entwickelt. Und das angesichts der vielen Premieren und Stapelläufe, die ihm in den kommenden Monaten noch bevorstehen: An Spaziergänge und Autofahrten müssen wir Sam nach guter Vorarbeit durch seine Züchter ebenso gewöhnen wie an den Besuch beim Tierarzt und an die verschiedensten Sozialkontakte zu Zwei- und Vierbeinern – wie etwa beim ersten gemeinsamen Spaziergang durch die Stadt. Eine spannende Reise also für uns alle. Und wir sind jetzt schon gespannt wie Flitzebögen.

Zum ersten Mal beim Tierarzt

Bei seinem ersten von uns begleiteten Tierarztbesuch bringt Feivel alias Sam alias Elvis Anfang August bereits 15 Kilogramm auf die Waage. Damit hat er sein Geburtsgewicht vom Mai fast verdreißigfacht. Betrachtet man dazu noch die niedlichen Bilder aus seinen ersten Lebenswochen, wird schnell klar: Das Hundekind wächst rasant und ist vor allem im Mittelteil längenmäßig sowas von auf Expansionskurs! Noch können wir ihn bei Bedarf tragen. Aber auch hier ist selbst bei exakt dosiertem Futter schon bald ein Ende der ziemlich langen und vor allem auch schweren Fahnenstange in Sicht.

Den Termin beim Medizinmann nimmt der Hovawart locker und macht auf dem Untersuchungstisch schnell den Eindruck, dass seine beiden Menschen weitaus angespannter sind als er selbst. Das Praxis-Team beobachtet Sam ebenso aufmerksam wie all die anderen Tiere, die heute ebenfalls einen Termin haben und aus ihren Transportboxen Laute von sich geben, die für Sam aus einer anderen Welt zu stammen scheinen. Selbst die abschließende Impfung nimmt der Hund gelassen und ohne mit der Wimper zu zucken hin. Und das war es dann auch schon, während der kleine Patient freundlich mit dem Schwanz wedelt und die Damen in der Praxis zum Abschied noch kurz mit seinem Hundeblick anflirtet. Dann mal wieder in den Kofferraum und ab nach Hause zur nächsten Gartenrunde: *Mission accomplished also auch hier.*

Pass bloß auf – da vorne liegt Gurke!

Sprechen wir nun einmal über potenzielle Hunde-Snacks in freier Natur. Sprechen wir von Ästen, Laub und Baumrinde im besten Fall. Keine Frage: Was drinnen und draußen liegt, wird bei den ersten Spaziergängen außerhalb des vertrauten Gartens zunächst einmal aufmerksam in Augenschein genommen, dann neugierig näher betrachtet und schließlich nach allen Regeln der Kunst beschnuppert, um danach wahlweise liegen gelassen oder Richtung Haus geschleppt zu werden. Da machen dann auch Zweige und Äste keine Ausnahme, die mindestens doppelt so lang sind wie der Hovawart selbst. Der Hund bringt dir auch auf diese Weise Geduld und Ausdauer bei. Immer wieder, und wenn er das mittlerweile 245ste Stöckchen stolz durch den Garten schleppt, um es auf der Terrasse in Ruhe zu zerteilen wie der Mitarbeiter eines Sägewerks, dem die Säge abhanden gekommen ist und der stattdessen auf seine Zähne zurückgreifen muss.

Liebend gerne verspeist Hovawart Sam außerdem Schlangengurken, Karotten und gegarten Broccoli in handlichen Portionen. Selbst an den Anblick solcher Leckerchen auf dem Küchenboden gewöhnst du dich, sollte der Hund zwischenzeitlich mal etwas anderes zu tun und wie durch ein Wunder keinen Appetit haben. Du darfst halt nur nicht darauf ausrutschen, wenn du nachts durch das Haus schleichst, um auf dem Weg ins Bad bloß keine schlafenden Hunde zu wecken. Und das im wahrsten Sinne des Wortes.

Das Ensemble, das Sam in seinem Schlaflager um sich versammelt, wirkt manchmal schon experimentell. Das Repertoire reicht vom Kau-Tau über verschiedenste Kuscheltiere bis zum besagten Gurkenstück. Kritisch wird es allerdings, wenn sich auch noch frisch erlegte Haus- und Sportschuhe dazu gesellen, die überall hin gehören, nur eben nicht ins Kuschel-UFO. Von oben betrachtet sieht das Ding aus wie ein großes schwarzes Loch, das alles in sich hineinzieht, was nicht niet- und nagelfest ist. Und manchmal eben auch den Hund selbst, der dann wahlweise vor sich hin döst oder tief und fest schläft mit halb geöffneten Augen, wie es sich für einen angehenden Hofwächter gehört. Jetzt bloß nicht wecken, so niedlich unser Mitbewohner gerade auch aussieht: Bei einem Kind kämst du auch nicht auf den Gedanken, es aus dem Schlaf zu reißen. Und es liegt in der Natur der Dinge, dass Welpen den größten Teil ihres Tages im Reich der Träume verbringen.

Und was die eigenwillige Materialsammlung auf Sammys Ruhelager betrifft, die vom Hund gerne mal mit heimlich herangeschafften Schuhen, Jacken, Socken, Zeitschriften und Fernbedienungen ergänzt wird, gibt es nur einen Rat: Schaut, dass ihr euer Zuhause schon vor dem *Dog Day* so umräumt, dass solche Gegenstände gar nicht erst in Riech- und Reichweite eures neuen Mitbewohners kommen. Denn seine Neugier ist, einfach gesagt, grenzenlos.

Standfest? Von wegen!

Schon nach wenigen Tagen im neuen Heim wird eines in fabelhaften Momentaufnahmen deutlich: Sam kann selbst aus dem Stand heraus aus- und wegrutschen, obwohl er sich überhaupt nicht bewegt. Auf glattem Parkett oder auf Fliesenböden etwa, wenn sich jede seiner Pfoten wie von Zauberhand in eine andere Himmelsrichtung bewegt und der kleine Hund, abermals dem Gesetz der Schwerkraft folgend, wahlweise umkippt oder in sich zusammensinkt wie ein instabiles Bauwerk, das mit einem viel zu großen Fell bespannt worden ist.

Und immer, wenn Sam alias Elvis mal wieder etwas angestellt hat, begibt er sich, sobald seine Menschen auftauchen, umgehend in die strategische Rückenlage – mit ausgestreckten Hinter- und angewinkelten Vorderläufen, um sich mit unschuldigem Blick wahlweise streicheln oder kraulen zu lassen: Der Hund weiß schon jetzt sehr gut, wie man für Ablenkung sorgt. Alleine mit dem Ziel, Frauchen oder Herrchen milde zu stimmen, sobald herauskommt, was da gerade schief gelaufen ist im Wohnzimmer oder in der Küche, im Flur oder im Bad, im Home-Office oder im Schlafzimmer, nachdem eine Tür versehentlich nicht geschlossen war. Und dann liegt der Hund völlig unschuldig und mit dem Schwanz wedelnd vor dir, mit Staubfäden an den Ohren oder mit Staubmäusen sonstwo im Fell, nachdem er kurz zuvor noch den Bereich unter der Couch im Wohnzimmer im Rahmen seiner Möglichkeiten inspiziert hat – auf der Suche nach verlorenen Kartoffelchips oder Cashew-Kernen vom Fernsehabend vor zwei Wochen.

Here Comes the Rain Again

Irgendwann musste es ja so kommen. Draußen regnet es mal wieder in Strömen. Das Wasser prasselt in dicken Tropfen auf die Gartenterrasse, und auf der anderen Seite der Fensterscheibe werden gemeinsam mit Hovawart Sam die letzten Vorbereitungen für den ersten richtig großen Spaziergang bei solchem Wetter getroffen. *Und das mitten im Sommer!* In sein Geschirr mit den Ösen für die Schleppleine schlüpft der kleine Mann ohne zu murren, während sich die Zweibeiner mit Wanderschuhen, Regenjacken und Mützen ausstatten. Leckerchen für unterwegs kommen ebenfalls in die Taschen. Für den Fall, dass es auf Tour etwas zu loben gibt, man kann ja nie wissen. Für den noch skeptischen Hund bedeutet das einen nicht zu unterschätzenden Motivationsschub, und er ahnt, dass es gleich rausgeht ins durchnasse Einsatzgebiet, Seite an Seite mit der Rudelführung.

So geht es auch beim Outfitting zu wie bei einer *Mission Impossible*-Episode. Fehlt streng genommen nur noch eine Startfreigabe vom Tonband, das sich nach dem Durchhören innerhalb von Sekunden selbst zerstört. *Alle(s) bereit, Team Bravo? Viel Glück und passt bloß auf euch auf!* Und als wir uns nach minutiöser Planung draußen den Elementen stellen, hält der Hovawart mit sorgenvollem Blick zum Himmel einen Moment lang inne. *Oh Mann! Was für ein Hundewetter! Muss das wirklich sein, Leute? Nicht euer Ernst, oder? Ihr wollt da wirklich raus?*

Romanze im Regen

Auf geht's also, den schmalen Weg am Waldrand entlang, mit den Nasen im Wind. Gezögert wird nicht, und wir spazieren los wie bei strahlendem Sonnenschein – ohne uns anmerken zu lassen, dass es sich hier wirklich um *Hundewetter* handelt. Irgendwann heißt es dann auch noch: Leine los! Sam trabt tapfer durch den Regen und wirft immer wieder einen Blick hinter sich. Die Fragezeichen in seinen Augen sprechen dabei Bände. *Wie? Noch weiter? Jetzt echt? Das waren doch mindestens schon zehn Meter im Regen!* Ein Leckerchen aus der Jackentasche würgt die nächsten Hovawart-Fragen ab wie einen stotternden Motor, während der Landregen mengentechnisch jetzt noch mindestens zwei Zähne zulegt, um uns Freigänger mit Macht auf die Probe zu stellen.

Und dann geht es zu Übungszwecken auch noch über den Wegesrand hinaus, in das nicht minder nasse Gras in Bauchhöhe. Auch diese Challenge wird gemeistert, bis Sams ganze Aufmerksamkeit bei seiner Rückkehr auf den Feldweg mit einem Mal dem etwa gleichaltrigen Collie-Mädchen aus der Nachbarschaft gilt. Sie ist ebenfalls vollkommen durchnässt und erst ein paar Wochen alt – aber mit Wetterlagen wie dieser offenbar schon etwas besser vertraut. Das Eis zwischen den beiden Hunden ist blitzschnell getaut, schließlich haben wir ja Ende Juli. So geht es im strömenden Regen spontan auf Schnupper- und Umrundungskurs. Und wenn es im Hintergrund jetzt Streichermusik gäbe, wäre auch diese Szene perfekt. Gesucht und gefunden: Als die beiden Turteltauben auf acht Pfoten jauchzend und in trauter Eintracht und triefendem Fell Seite an Seite den Heimweg antreten, bahnt sich augenscheinlich eine Romanze an, die jeden Regen überdauern wird. *Tür an Tür mit Collie.*

Zum Abschluss noch ein kurzes *Mach's gut und bis bald – egal bei welchem Wetter!* am Ende der gemeinsamen Wegstrecke. Und dann ist Hovawart Sam nach der Romanze im Regen erstmal wieder Single. Auf den letzten Metern nach Hause prasselt es immer noch wie von Sinnen. Als der durchnässte und schwer verliebte kleine Mann wenig später auf der mausgrauen Schmutzfangmatte im Wohnzimmer mit Hilfe eines ausgemusterten Badehandtuchs nach allen Regeln der Kunst durchfrottiert wird, scheint ihm eines klar zu sein: *Regen ist schön. Spaziergänge sind ab sofort kein Problem. Ganz gleich, bei welchem Wetter. Vorausgesetzt, ich sehe das Collie-Mädchen wieder.* Stunden später dann, nach einer Kuschelrunde am Kaminofen, begibt sich Hovawart Sam am Ende dieses ereignisreichen Tages abermals in das Reich der Träume. Ob er dort noch einmal seiner neuen Flamme begegnet? Sams langgezogenes Seufzen im Tiefschlaf lässt darauf schließen. Und draußen regnet es immer noch.

Spaziergang im Auenland

Wo immer du auch wohnst, und was immer für einen neuen Mitbewohner auf vier Pfoten du auch hast: Dein Hund braucht mehr und mehr Auslauf. Und er trägt auf diese Weise dazu bei, dass du die Gegend, in der du lebst, fortan mit anderen Augen siehst. In diesem Fall sind es die weiten Wiesen, Felder und Wälder draußen auf dem Land. Hier war der Verfasser dieser Zeilen in den Siebzigern und Achtzigern schon gerne unterwegs – als Kind. Damals noch ohne Handy-Netz und heute ebenfalls, weitgehend zumindest, was im Zeichen von Funklöchern ein Segen ist: So sind Hund und Mensch immer auf das Wesentliche fokussiert bei den Runden über Stock und Stein. Und sie werden nicht gestört durch Klingel- und Vibrationsalarm und durch immer neue Nachrichten aus der lauten Welt da draußen.

Höher, schneller, weiter? Das kannst du im Auenland getrost vergessen – wo immer es für dich persönlich auch liegt. Viel schneller findest du hier dagegen Eichhörnchen und Hasen, Rehe und *maybe* auch mal ein Wildschwein. Sie alle geben ebenfalls nichts auf das beste Netz der Welt, während weiter oben, in den Baumwipfeln, Vögel verschiedener Fraktionen singen und du dich im Sommerwind immer mal wieder fragst, wo um Himmels Willen bloß ihr Orchestermeister steckt. Der kreisende Mäusebussard hoch über euch ist es jedenfalls nicht – so viel steht fest.

So ist die Gegend hier draußen mit Erinnerungen an vergangene Zeiten verbunden. An Zeiten, in denen Hectors Mutter nach der Schule und den erledigten Hausaufgaben nachmittags vorsichtshalber noch bis zum Waldrand mitgegangen ist, um der Mutter seines Schulkameraden über das Tal im Auenland hinweg zuzurufen, dass sich der kleine Hector jetzt auf den Weg *durch den Busch* macht. Vorbei an hohen Bäumen, kantigen Weidezäunen und dem kleinen Zechenbach in der Senke, an dessen Ufer Kühe grasen, Wasser saufen und durch den Schlamm auf der Wiese stapfen. Minuten später dann der Bestätigungsruf vom anderen Ende des Waldes aus, dass der kleine Hector auf seinem Kinderfahrrad wohlbehalten angekommen ist und sich nun auf den Weg zum Bauernhof seines Kumpels machen kann, um gefühlt zehn Stunden lang in der alten Scheune zu spielen und ein wenig bei der Heuernte zu helfen. Schön war das damals. Und ist es auch heute noch.

Mehr als 40 Jahre später ist die Gegend hier immer noch das verträumte Niemandsland zwischen den großen Städten im Ruhrgebiet und dem Bergischen Land. Mit weiten Wiesen, Feldern *und mit Wäldern, Wäldern, Wäldern.* Beim Blick ins Tal, in dem nach wie vor der Zechenbach plätschert, erwartet man fast schon eine Fee am Wasserlauf zu erblicken, im hohen Gras. Oder zwei Hobbits auf Picknickdecken. Oder eben das Collie-Mädchen, in das Hovawart Sam sich erst vor kurzem verguckt hat. Ihr wisst schon, bei der Romanze im Regen, heute auch noch mit Gänseblümchen hinter den Ohren.

Stattdessen zeigt sich in der Ferne nur ein scheues Reh, das schnell von dannen eilt, als sich ein ebenso betagter wie ambitionierter Mountainbiker im Zeitlupentempo den Wanderweg hocharbeitet, dabei angestrengt keucht – und den kleinen Sam außer Atem und in Aussicht auf sein Sauerstoffzelt nur beiläufig grüßt. Dem Hund selbst ist das schnuppe. Er beobachtet, passend zur Sommeridylle hier draußen, lieber einen Schmetterling in der Ferne und trabt dann weiter durchs Auenland, bis es irgendwann wieder nach Hause geht.

Von einer Bergwiese aus hat der Hovawart freien Blick auf ein weiteres Tal, wo es auf der anderen Seite eine große Hühnerfarm mit Außenfläche für das Geflügel gibt. Über ein paar hundert Meter hinweg beobachtet Sam den Hochbetrieb dort und scheint nachzudenken. Die drei aufgeschreckten Hennen, auf die er wenig später am Wegesrand trifft, beschnuppert der Hund nur kurz, bevor sie gackernd das Weite suchen. Das freundliche Wesen mit schwarz-braunem Fell und Knopfaugen scheint den Hühnern suspekt zu sein. Ihre Blicke sprechen jedenfalls Bände: *Eigentlich müsste der kleine Wolf uns doch jagen. Kommt das noch, oder war es das schon?*

Das alles hier fühlt sich nach Zeitreise an. In diesem Fall führt sie, ganz entschleunigt, zurück in die Siebziger, als die Welt noch eine andere war. So erscheint es uns zumindest, einen Moment lang, im Rückspiegel, natürlich verklärt. Fest steht nur eines: Als Kinder waren wir hier draußen stundenlang unterwegs. Und wir mussten erst nach Hause, wenn es dunkel wurde. Und weil um 18.20 Uhr *Western von Gestern* im Fernsehen lief. Ein Pflichttermin für alle Cowboys und Indianer mit Flicken auf der Jeans und Gummimessern am Gürtel oder hinter dem Hosenträger.

Und jetzt? Das einzige Zugeständnis an das digitale Zeitalter ist Sams Hundehalsband mit QR-Code für den Notfall, sollte uns unser Goldstück hier draußen doch mal abhandenkommen, wider Erwarten. Auf diese Weise lässt sich der Hovawart sekundenschnell seinem Besitzer (furchtbares Wort, sobald es um Freundschaft wie diese hier geht) zuordnen, bevor man verständigt wird und der Kommunikator in der Hosentasche hier draußen mal wirklich einen Sinn bekommt. Und das ist auch schon alles an Bord der Zeitmaschine mit Sam im Cockpit. Eine Pilotenbrille braucht der Hovawart nicht. Auch wenn sie ihm gut stehen würde – ganz sicher.

Wasser marsch am Zechenbach

Sam liebt fließendes Wasser. Und er steigt auch gerne mal in den kleinen Zechenbach, wenn wir mal wieder im Auenland spazieren gehen. Anfangs nähert er sich dem Strom mit einer Wassertiefe von maximal zehn Zentimetern, als wäre er der Colorado River – ein reißender Fluss, an dem sich hier draußen nichts anderes als das Schicksal entscheidet. Doch dann steht der Hovawart mit einem Mal auf allen vieren im glasklaren Nass, senkt feierlich den Kopf und schlürft los, als gäbe es kein Morgen. Seine Zunge schnellt wie eine Schaufel wieder und wieder ins Wasser.

Gut möglich, dass Sams Faible für H_2O in dieser Form auch damit zu tun hat, dass im Welpenparadies in Haltern einst ein kleiner Springbrunnen mit herrlich kaltem Trinkwasser stand. Gemeinsam mit den anderen Hundekindern konnte Feivel hier nach Belieben seinen Durst stillen. Einmal mehr eine prägende Erinnerung – wie auch die an den Fahrrad-Anhänger, der zu Übungs- und Erkundungszwecken auf dem Spielrasen genutzt wurde. Weitsicht schon in den ersten Wochen, die sich unterwegs jetzt als hilfreich erweist. Der kleine Bach war einst auch für uns Kinder hier draußen der perfekte Spielplatz, nachdem wir mit meinem Patenonkel Dieter (leider schon lange im Himmel) dessen Lauf von Astwerk und Laub befreit hatten, um das Wasser wieder ungehindert durchs Auenland fließen zu lassen. Damals konnten wir nicht ahnen, dass es viele Jahre später abermals an und in den Bachlauf geht. Nun mit Hovawart.

Bald schon werden die Hunderunden durch den Wald und über die Wiesen länger und länger. Und dann auch durch das Totholz führen, das an die trockenen Sommer der vergangenen Jahre erinnert: Wo einst Fichten und Kiefern standen, arbeiten sich nun die Laubbäume der nächsten Generation in den Himmel, bleich gewordenes Astwerk zu ihren Füßen. Ein Schauplatz wie geschaffen für Cowboys und Indianer, die ihre Nachmittage nach der Schule ganz wunderbar hier draußen verbringen könnten ohne Displays und Terminkalender. Totholz ohne Ende, so weit das Auge blickt und so weit der Bussard fliegt. Blass wie die Knochen erlegter Büffel und perfekt geeignet für ein Baumhaus, ein Holzzelt oder eine Siedlerhütte für endlos lange Nachmittage in den Sommerferien. Genau hier wird es eines Tages auch mit Sam hingehen: Und sollten wir auf dem Weg in den Wald tatsächlich mal eine Bussard-Feder finden, wird sie kurzerhand an das Halsband gesteckt – als Erinnerung an vergangene Zeiten. *Einmal Apache, immer Apache.*

Nur am gepflegten Feierabend-Flirt muss der kleine Indianer auf vier Pfoten noch arbeiten. Als wir nach einem unserer Spaziergänge an genau jenem Gartenzaun stehen bleiben, hinter dem das zuckersüße Collie-Mädchen aus der Nachbarschaft aufwächst, beugt sich Sam nach vorne und gibt gedankenverloren einen langgezogenen Laut von sich, der nach einer beklemmenden Mischung aus Rülpsen und Gewitterdonner klingt. Das zuvor in Unmengen getrunkene Bachwasser mag die Ursache sein, erweist sich hier allerdings als wenig zielführend. Zum Glück ist das Collie-Mädchen gerade nicht draußen, und Sam zieht wie ein müder Krieger ohne Federschmuck weiter heimwärts. *Glück gehabt.*

Abenteuer in Küche & Garten

Was wäre der Einsatz im Haushalt und die Arbeit im Garten ohne all die mechanischen und elektronischen Helferinnen und Helfer?

Und auch mit ihnen muss sich *der Neue auf vier Pfoten* erst einmal arrangieren – allesamt Requisiten menschlicher Zivilisation, und das nach und nach, sobald das Frühstück hinter uns liegt und es auf zu neuen Abenteuern geht. Hofwächter Sam empfiehlt sich unter dem Küchentisch derweil für eine Scheibe Toast mit Räucherschinken. Bekommt er aber nicht. Es bleibt bis auf Weiteres bei seiner abgewogenen Hundert-Gramm-Ration, damit wir kein Hovawart-Moppelchen aufziehen.

Was sich aber jetzt schon abzeichnet: Der kleine Mann scheint ein ausgeprägtes Faible für verschiedenste Themen rund um die Bodenpflege zu haben. Vor allem in der Küche und, Überraschung, direkt vor der Wohnzimmer-Couch, sobald mal wieder ein Spielfilm-Abend bevorsteht. Thriller und Komödien mag Sam gleichermaßen, und wenn der TV-Bildschirm namens Horst dann auch noch eine Tier-Doku zum Besten gibt, stimmt für Sam dann einfach alles: Vom Löwen in der Savanne bis zum Kätzchen aus Castrop-Rauxel hat der Hovawart schon so ziemlich alles gesehen, was die Tierwelt hergibt, den Kopf aufmerksam auf den magischen Horst gerichtet, um seinen Hundekopf je nach Geräuschkulisse mal nach links oder nach rechts zu neigen. So macht Sam das immer, wenn er aufmerksam zuhört und beobachtet. Dem Wookiee Chewbacca aus dem *Krieg der Sterne* schaut unser Hund von der Couch aus ebenfalls aufmerksam bei der Arbeit im Cockpit und beim Kampf gegen das Imperium zu. Kein Wunder – wäre er doch fast ein Namensvetter geworden und der perfekte Co-Pilot auf dem Beifahrersitz. Zumindest in Gedanken.

Wischen impossible! Sobald vom Sofa aus ein unbeabsichtiger Krümel und damit ein potenzielles Leckerchen naht, entdeckt der Hovawart seine Qualitäten wahlweise als Staubsauger oder als Feuchtwischer, mit der Zunge am Anschlag und der schwarzen Nase als Navi im Schnüffel-Modus. Ob ihn das für ein Praktikum bei Vorwerk Engineering im benachbarten Wuppertal empfiehlt, bevor es für ein vertiefendes Studium dann weiter in die Forschung & Entwicklung geht, bliebe zu prüfen. Thermomix-Rezepte könnte Sam aus bisheriger Erfahrung ebenso testen wie die Präzision innovativer Saugtechnik. Wir fassen beim Blick ins Wohnzimmer zusammen: Auf jeden Krümel kommt es an, sobald der Hovawart mit der Bodenoffensive beginnt.

Und dann folgt im Garten wenig später auch schon Sams erste Begegnung mit Gustav, Emma, Paul, Astrid und Gisela: Den Akku-Rasenmäher namens Gustav beäugt der kleine Hund in seinem ersten Sommer bei uns mit einer gesunden Mischung aus Respekt und Neugier. Gleiches gilt für die Elektrorasenmäherin Emma. Und für die dazugehörende Assistenz-Schubkarre Paul. Wie auch für die geheimnisvolle Schwarzdrossel Astrid, die immer wieder auf dem frisch gemähten Rasen zwischenlandet und zielsicher Richtung Vogeltränke hüpft, weil sie weiß, dass sie immer einen Tick schneller ist als unser Hund. Auf seinen viel zu langen Beinen rumpelt dieser zuweilen durch den Garten – wie ein außer Kontrolle geratener Landrover.

Inhouse schließt Sam alias Elvis derweil Bekanntschaft mit der Thermomixin Else und mit dem Kobold-Staubsauger Manfred. Sein Wirken verfolgt der kleine Hovawart ebenfalls aus sicherer Entfernung. Und es ist nur eine Frage der Zeit, bis der Hund und Manfred bei der Arbeit beinharte Konkurrenten sind und Sam seinen vermeintlichen Widersacher im besten Fall nur anknurren wird. Zur digitalen Küchenfee Else, benannt nach der unsterblichen Patentante von nebenan, hat Sam ein weitaus entspannteres Verhältnis. Kein Wunder: Hier geht es ja erklärtermaßen um die Zubereitung von Mahlzeiten und nicht um deren Verschwinden. Mittlerweile kennt Hovawart Sam alle Namen unserer Assistentinnen und Assistenten in Haus und Garten. Und eines Tages wird er sie vielleicht auch an einem Samstagabend bei *Wetten, dass?* zuordnen können, damit ihm Millionen Herzen wie Schwarzdrosseln zufliegen.

Hundmail im Anflug: *Sam goes Teams*

Können wir euren Hund vielleicht mal sehen? Diese Frage kommt spontan beim ersten digitalen *Team-Meeting* mit den Arbeitskolleginnen und -kollegen auf, nachdem der kleine Hovawart am *Dog Day* bei uns angekommen ist. Gefragt, getan und ins Bild gehoben: Gut 60 Sekunden später hockt Sam auf dem Schoß seines Rudelführers und betrachtet aufmerksam das bunte Mosaik aus Gesichtern auf dem Laptop-Bildschirm – mit der linken Vorderpfote auf der Tastatur und mit der rechten auf der kabellosen Maus. Der Gruß per Stupsnase sorgt am anderen Ende der Datenleitung spontan für Heiterkeit und Herzchen. *Ist! Der! Süüüß!* Was den Verfasser dieser Zeilen wiederum umgehend zu einer Klarstellung an die Adresse seines Schatzes auf der anderen Tischseite bewegt, um daheim den inneren Frieden zu bewahren: *Meine Kolleginnen meinen natürlich nicht mich, sondern den Hund.*

Puh! Das war knapp! Wenn Sam könnte, würde er mit direktem Zugriff auf die Tastatur seine erste Hundmail ans Team bei der Arbeit schicken und gleich noch ein paar Bilder vom *Dog Day* anhängen. Was Orthografie betrifft, hätte unser Hofwächter natürlich jede künstlerische Freiheit der Welt. So aber räumt der Hovawart irgendwann das Feld und verschwindet zumindest digital von der Bildfläche, weil es gleich nebenan in der Küche Futter gibt.

Sams erste Telefonkonferenz folgt ein paar Tage später: Als sein Frauchen erstmals sechs Stunden am Stück Auslauf hat, um nach drei Wochen Auszeit für unseren Welpen wieder ins Berufsleben zurückzukehren, gibt es ihren Anruf von unterwegs. Und mithilfe der Lautsprechertaste auf dem Kunststoffknochen ist die Stimme der vermissten Rudelführerin mit einem Mal laut und deutlich im Hausflur zu hören. Sam spitzt umgehend die Hovawart-Ohren oder versucht es zumindest, denn die beiden sind schwer und hängen, der Schwerkraft folgend, weiterhin beharrlich links und rechts herab. Stattdessen neigt der Hund seinen Kopf ganz langsam nach links und dann nach rechts. Wie er es immer macht, wenn er sich nicht nur vor dem Fernseher etwas zu fragen scheint. Und in diesem Moment scheint er wissen zu wollen, was er da Seltsames zu hören bekommt. *Sammy? Ich bin's! Mutti!* Im nächsten Moment hat der Hovawart verstanden, dass am anderen Ende seine Rudelführerin höchstselbst aus dem schwarzen Knochen zu ihm spricht – und er wedelt aufgeregt mit dem Schwanz. Die erste Telefon-Schalte wird damit zum Erfolg. Nächste Lektion: Was ist eigentlich eine WAHLWIEDERHOLUNG?

Hundeschule ohne Katz, aber mit Mouse: So verfügt Hovawart Sam ab sofort auch über Grundkenntnisse digitaler Kommunikation, was ja grundsätzlich nicht schaden kann im 21. Jahrhundert. Ein eigenes Social-Media-Profil ist dennoch nicht in Sicht: Zu groß ist das Risiko, dass Sam online kurzerhand zu Elvis mutiert und unter Umständen bei irgendeiner fragwürdigen *TikTok-Challenge* mitmacht, bei der es darum geht, Miezekatzen oder andere tierische Zeitgenossen in Ausnahmesituationen zu bringen. *Teams*-Konferenzen und das gute, alte Telefon, das Sam am liebsten zwischen den Zähnen davontragen möchte, sobald seine Herrin und Meisterin anruft, müssen reichen. Vorerst zumindest.

Guten Morgen, Rudelführer!

Und so steht Hovawart Sam an so manchem Tag der Woche spätestens um 5.38 Uhr neben dem Bett der Rudelführung, um sie sabbernd zu begrüßen, frohlockend zu jaulen, die Rute kreisen zu lassen und sie mit dieser Choreografie zum gemeinsamen Aufstehen zu bewegen. Schließlich gibt es draußen im Garten Geschäftliches zu erledigen. Eine Menschenstunde später (dies entspricht in etwa zehn Hundestunden) gilt es in der Küche verschiedene Mahlzeiten zuzubereiten, wie in diesem Fall erst einmal das Frühstück: auf dem

Tisch gleich neben Kaffeemaschine Vicky das für die beiden Menschen – und gleich neben dem Tisch das Frühstück für den mit Abstand besten und derzeit hungrigsten Hovawart-Rüden der Welt. Und egal, wohin du dich beim Zubereiten der ersten Mahlzeit des Tages auch bewegst: Der Hund liegt schon da und wartet mit treuem Blick und einem großen Fragezeichen in den Augen auf den gut gefüllten Napf. Danach darf dann gerne auch gespielt werden, sofern Sam nicht auch noch der dritten Schlafanzughose den Garaus macht. So starten wir auch hier als Team in den Tag, denn bekanntlich fängt ja nur der frühe Hund das Futter. Es muss ja nicht gleich die neugierige Landkatze aus der Nachbarschaft sein. Oder der Zeitungsbote um kurz nach sechs. Geschweige denn der Zusteller der Briefpost, um auch mal dieses Klischee zu bedienen.

Rüde macht müde! Wie tickt nur Sams innere Uhr?

Unser neuer Mitbewohner ist also passionierter Frühaufsteher und braucht auch deshalb einen festen Tagesablauf, damit er einigermaßen durchschläft. Das ist in den ersten Tagen und Wochen nach dem *Dog Day* noch nicht der Fall, und du lernst spätestens dann deine eigenen Grenzen kennen, wenn der kleine Mann morgens um 3.28 Uhr putzmunter neben deiner Bettseite steht, weil er nach draußen will und augenscheinlich Hunger hat. Wenn Sam könnte, würde er auch aufs Bett springen, um seinem Wunsch Nachdruck zu verleihen, aber dazu fehlen ihm bislang noch einige Zentimeter. Sei's drum: Du bewegst dich mitten in der Nacht wie auf Glas schleichend zunächst durch Sams butterweichen Schlafplatz in der Area 51 und versuchst auf dem Weg zur Schlafzimmertür, bloß nicht auf den innig geliebten Quietsch-Waschbären zu treten, der die Nacht auch für die Rudelführerin beenden würde. Und dann geht es in Hausschuhen auch schon in den Flur und durch die Terrassentür nach draußen, wobei dir zwischendurch gerade noch genug Zeit bleibt, die Schlafanzughose überzustreifen. In der Dunkelheit notfalls auch seitenverkehrt, denn danach kräht um diese Zeit selbst auf dem Land kein Hahn. Im Schein der Taschenlampe wirst du beim Rausgehen zunächst beschnuppert, und dann steht für den Hund auch schon das kleine Geschäft im Mittelpunkt des Geschehens, bevor es wieder reingeht, in diesen Tagen wahlweise durch den Morgennebel oder Nieselregen. In warmen Sommernächten schaut ihr Schlafwandler hingegen gemeinsam zu, wie im Garten das letzte Glühwürmchen und die letzte Fledermaus gerade Feierabend machen und zwischen den Bäumen verschwinden, bevor die Sonne aufgeht.

Und du? Du bist einfach nur hundemüde, und das im wahrsten Sinne des Wortes, während du dich auf dem Rückweg ins Bett noch einmal durch Sams Schlafplatz bewegst und auch diesmal hoffst, bloß nicht auf seinen vermaledeiten und immer noch innig geliebten Waschbären zu treten.

Keine Ruhige Minute von Reinhard Mey bringt auch die ersten Wochen mit Hund prima auf den Punkt – während Sam alias Elvis wieder einmal beharrlich an deiner Schlafanzughose zerrt, bevor auch er sich noch etwas hinlegt, nachdem er deine innere Uhr einmal mehr aus dem Takt gebracht hat. Wie das sonst nur Babys und Kleinkinder zu tun vermögen, ohne dass du ihnen böse sein kannst. Wie gut, dass Sam mittlerweile verstanden hat, dass es um 3.28 Uhr noch kein Futter und auch keinen ausgedehnten Morgenspaziergang über die Wiese gleich hinter dem Gartentor gibt. Allenfalls eine kleine Pipi-Runde und frisches Wasser aus dem Napf. *Denn was unten rausgeht, muss oben wieder rein – und das ganz fein.*

Lessons Learned: Sam macht schlau(er)

Womit wir bei den Lektionen sind, die wir nach dem *Dog Day* gelernt haben. Halten wir auf unserer gemeinsamen Reise also mal an und werfen noch einmal einen Blick in den Rückspiegel. Was wir in jedem Fall mitgenommen haben aus den vergangenen Wochen? Dass die erste Zeit in der Tat die prägendste ist – sowohl für den Hund wie auch für die Menschen an seiner Seite. Und dass gerade in dieser Phase der Erfahrungsaustausch mit anderen Hundefamilien hilfreich ist. Nicht zuletzt mit denen, die Sams Geschwistern ebenfalls ein neues Zuhause gegeben haben und im Alltag immer wieder vor denselben kleinen und großen Herausforderungen stehen. Gleiches gilt für den guten Draht zu den lieben Züchtern in Haltern, sollten unterwegs Fragen aufkommen, die man zuvor nicht auf dem Radar hatte, so intensiv wir uns auch auf den *Dog Day* vorbereitet haben.

Schamanen im Netz. Vorsicht ist unterdessen bei manchen Informationsquellen im *World Wide Web* geboten, denn gerade auch in der weiten Welt der Hunde sind online Schamanen unterwegs, die alles haben, nur keine Ahnung. Und jeder Hund ist anders. Jeder Hund ist ein Individuum und braucht neben Zuwendung vor allem eines: Zeit und Geduld. Die ist vonnöten, sobald er sein neues Zuhause drinnen und draußen erkundet und in Ruhe kennenlernt, bevor der Radius Tag für Tag erweitert wird. Und bei den ersten Lernerfolgen? Immer dranbleiben, diese in Maßen belohnen und im Gegenzug Nachsicht zeigen, wenn etwas nicht sofort gelingt und sich erst mit genug Abstand wiederholen lässt, ganz enspannt.

Still Got the Welpen-Blues. Hunde-Erziehung ist weitaus mehr, als den neuen Mitbewohner möglichst schnell stubenrein zu bekommen. So besucht Sam nach der Welpen- natürlich auch die Hundeschule, damit sein Weg nach einem guten Start ins Leben entspannt weitergeht – auch wenn Elvis nicht lange auf sich warten lässt im Pflegealter. Den Welpenblues haben wir ebenso erlebt wie Glücksmomente, wenn etwas richtig gut läuft und wir auch deshalb unseren kleinen Hund hier niemals wieder hergeben würden. Und genau dieses Wechselbad der Gefühle macht die Spannung in der ersten Zeit aus. Mit Geduld, Einfühlungsvermögen und Aufmerksamkeit wirst du in deinem Hund auf Dauer lesen können wie in einem Buch – und das gerade auch nach Übungseinheiten an der Seite erfahrener Trainer, wenn es um eine gute Erziehung mit klaren Grenzen geht.

Alles nur eine Frage der Perspektive. Was niemals schaden kann, sobald dein Hund zu Hause angekommen ist am *Dog Day:* Noch bevor er in den Kessel mit Zaubertrank fällt und danach zügig wächst, je nach Rasse, nimmst du dir am besten mal die Zeit und siehst dir die Welt mit seinen Augen an. Das ist leichter als gedacht, indem du dich einfach neben den kleinen Racker auf den Bauch legst, den Kopf hebst und feststellst, wie groß all die Dinge um euch herum mit einem Mal sind. Und wenn jetzt auch noch dein Herzblatt auf euch beide zuläuft, bekommst du ein Gefühl dafür, wie es eurem Hund gehen muss, wenn ihr mit ihm unterwegs seid und euch da draußen jemand begegnet, der weitaus größer ist als der kleine Mann selbst. Das kann ein fremder Erwachsener sein, ein tobendes Kind oder ein anderer Hund, der entweder spielen, schnuppern oder mit Macht seine Autorität demonstrieren will.

Du jedenfalls kannst in diesem Moment schnell aufstehen, dir die Sachen abklopfen und die Welt direkt wieder von oben sehen. Dein kleiner Begleiter auf vier Pfoten vermag das nicht zu tun. Höchstwahrscheinlich ist er in Momenten wie diesen auch noch in seinem Bewegungsradius eingeschränkt, weil ihr mit Leine unterwegs seid. Sei's drum: Nach dem Perspektivwechsel hast du ein weitaus besseres Gefühl dafür, wie es eurem Familienzuwachs beim Spazierengehen geht, sobald die Dinge ihren Lauf nehmen. Augenhöhe kann nie schaden, und das gerade auch auf den ersten Metern Seite an Seite. Fragt bei der Auswahl der passenden Hundeschule für euren Schützling nach Möglichkeit auch bei Freunden und in der Familie nach – und fasst für euch persönlich zusammen, welche offenen Punkte und Baustellen bei der Erziehung noch wichtig sind.

Wer geht hier mit wem? Diese Frage stellt sich nicht nur draußen, unterwegs an der Leine. Sie stellt sich auch drinnen: Du gibst den Kurs vor, und das frei von Gewalt, denn es ist ja schließlich dein Rudel, in dem das neue Mitglied ankommt. Du entscheidest, welche Menschen und Tiere den Hund zuerst kennenlernen dürfen, ganz in Ruhe und vorzugsweise erst einmal auf neutralem Boden, bevor es in den Garten und ins Haus geht, wo der kleine Mann sich zu Hause und sicher fühlt.

Und was Fragen zur passenden Haftpflicht- und Tierarztversicherung oder zum Sachkunde-Nachweis und zur Anmeldung bei der Stadt betrifft: Klärt diese Punkte, *bevor* der Hund zu euch nach Hause kommt. Denn er wird euch vom *Dog Day* an erstmal auf Trab halten – es sei denn, er schläft gerade mal wieder tief und fest. Sobald dann auch die Hundesteuermarke an Juniors Halsband klimpert und ihr, falls erforderlich, gemeinsam für den Sachkunde-Nachweis gepaukt habt, lässt sich auch hier ein grünes Häkchen in der To-do-Liste setzen. Jetzt hat der Hovawart ganz offiziell *die Lizenz zum Bellen.*

Auf der sicheren Seite. Die Frage, wo der Hund seine Mahlzeiten zu sich nimmt, ist vorab weitaus einfacher zu beantworten als die nach geeigneten Schlaf- und Ruheplätzen. Welche Möbel- und Einrichtungsstücke sollten vor der Ankunft am *Dog Day* besonders gesichert werden, damit der Hund sie in seinen ersten Wochen möglichst nicht anknabbert oder anders in Mitleidenschaft zieht? Wie lässt sich der Spieltrieb mit Hundespielzeug kanalisieren und in Bahnen lenken? Und welche Toys mit Quietsch-Elementen legt ihr abends besser zur Seite, damit sie euch früh am Morgen nicht senkrecht im Bett stehen lassen, sobald sich der Hund mit ihnen beschäftigt, während ihr noch schlaft?

Das Vier-Pfoten-Ritual. Und wie sieht es mit der Absicherung von Steckdosen aus? Gibt es genug ausgediente Handtücher im Haus, mit denen sich der Hund nach Spaziergängen gegebenenfalls abtrocknen lässt, Pfote für Pfote, ohne dass er damit ein Problem hat? Egal, ob bei Sonnenschein oder Regen, bei Ebbe oder Flut, im Herbststurm wie auch beim Frühlingserwachen: Sobald wir wieder ins Haus kommen, nimmt der Hovawart schon von alleine auf der XXL-Schmutzfangmatte Platz, und es beginnt die rituelle Pfotenabtrocknung mit dem Frotteehandtuch: Zuerst kommen die Vorderpfoten A und B an die Reihe, bevor es an die Hinterpfoten C und D geht. Im Anschluss daran wird der ganze Hund noch einmal mit einem zweiten Handtuch nach allen Regeln der Kunst frottiert, bis Sam schließlich so aussieht wie der kleine Cousin von Chewbacca – nur dass der jetzt trockene Hovawart keinen Patronengurt geschultert hat und auch keine Laser-Armbrust trägt. Und selbst in diesem Moment sitzt Sam da wie eine Eins und schaut mit seinen großen Augen aufmerksam zu.

Kein Problem mit Nähe. Keine Frage: Ohne das Handtuch-Ritual nach jeder Runde draußen würde uns etwas fehlen. Dem Hovawart und seinen Menschen gleichermaßen. Gerade auch so etwas von Anfang an zu trainieren und zu etablieren, kann später dabei helfen, dass der Hund selbst bei Tierarzt-Untersuchungen ruhig und gelassen bleibt – eben weil er kein Problem mit körperlicher Nähe hat, sobald es darum geht, ihn abzutasten und näher in Augenschein zu nehmen. Das schon bei Sams erstem Praxisbesuch zu erleben, war ein Erfolgserlebnis und eine Bestätigung auf unserem gemeinsamen Weg. Wiederholen lässt sich das Ritual auch, wenn es darum geht, im Hundefell nach Zecken zu suchen und diese mit immer mehr Routine zu entfernen, einen Blick auf Sams Zähne zu werfen oder Fremdkörper wie Dornen aus seinen Pfoten zu ziehen, ohne dass daraus gleich ein Shakespeare-Drama in fünf Akten wird: In der Ruhe liegt auch hier die Kraft. *Unser Hund vertraut uns, und wir vertrauen unserem Hund.* Daran kannst du den kleinen Racker nicht früh genug gewöhnen, wollt ihr euch später großen Ärger ersparen.

Step by step. Mit dieser Erkenntnis im Hinterkopf wird es auch leichter, den Hund so zu erziehen, dass er wirklich erst an den Napf mit seiner Mahlzeit geht, wenn du ihm das zuvor antrainierte und damit fest vereinbarte Zeichen gibst. Auch hier erst einmal mit einem kleinen und damit überschaubaren Radius zu beginnen und diesen nach und nach zu vergrößern, hat sich bei Sams Spaziergängen ebenso bewährt wie bei Autofahrten und Abstechern in die Stadt, damit der Hund auch hier den Alltagstrubel kennenlernt und keine Angst vor ihm hat.

Was braucht unser Hund wirklich? Wenn es nach Frauchen ginge: ALLES. Vom notwendigen Inventar für das Fressen, Trinken, Schlafen, Führen und Spielen einmal abgesehen, ist es dennoch ratsam, alles Weitere an Ausstattung erst nach und nach anzuschaffen – also ebenfalls in überschaubaren Etappen und je nach Bedarf. Das hilft nicht zuletzt, teure Fehlkäufe zu vermeiden und das ohnehin schon strapazierte Budget zu schonen. Und auch das beste Hundespielzeug wird erst dann so richtig interessant, wenn es eben nicht nur an den Ruheplatz gelegt, sondern dem künftigen Nutzer nahegebracht wird: Intensiv zu spielen, ist für Hovawart Sam mindestens ebenso wichtig und inspirierend wie für ein Kind. Ihn behutsam dahin zu führen und auch auf diesem Weg aufmerksam zu begleiten, hat sich bewährt. Was sich ebenfalls als äußerst hilfreich erwiesen hat: Sams Züchter haben uns am *Dog Day* direkt auch eine gescheite Zange zum Entfernen von Zecken überreicht und erklärt, wie man sie benutzt, sobald es so weit ist. Denn die Frage ist nicht, *ob* sich Sam bei einem unserer Spaziergänge einen ungebetenen Gast dieser Art im Fell einhandelt, sondern *wann*.

Dem kleinen Hund von Anfang an genug Gegenstände zu bieten, an denen er guten Gewissens und nach Herzenslust knabbern kann, hat einen entscheidenden Vorteil: Das lieb gewonnene Spielzeug hält den Hovawart bestenfalls davon ab, woanders seine Zähne zu testen, wenn man gerade mal nicht aufpasst. Das kann ein Stuhlbein sein oder auch die Sonderausgabe von Stephen Kings *ES* im schmackhaften Pappschuber, dem Sam alias Elvis sofort den Garaus machen würde – wenn man ihn nur ließe. Stattdessen konzentriert sich der kleine Racker lieber auf sein Stück Kauholz und ignoriert den gruseligen Wälzer auf dem Buchregal nebenan. Dass dieser mittlerweile staub- und hundesicher unter einer Acrylhaube ruht (gemeint ist natürlich der Schauerroman und nicht Hovawart Sam) sei hier nur am Rande bemerkt.

Premiere im Sommerwind: Sam kann bellen!

Und wenn es nur ein leerer Trinkbecher aus Pappe ist, der auf der Gartenterrasse im Wind hin und her rollt: Nach zehn Tagen daheim bellt unser Hovawart erstmals – exakt zweieinhalb Mal. Zwar noch etwas zaghaft und mit wenig Bass – aber immerhin! Dabei springt der kleine Mann am Fenster zum Garten ganz aufgeregt zuerst nach vorne und dann nach hinten, um das unbekannte Rollobjekt auf der anderen Seite der Scheibe auch auf diese Weise zu beeindrucken, hinter dickem Glas und aus sicherer Entfernung. *Sammys erster Einsatz als Hofwächter! Chapeau!*

Der Hund selbst scheint einen Moment lang überrascht zu sein. *War ich das gerade?* Diese Frage liegt ebenso in seinem Hundeblick wie das nach wie vor tiefe Misstrauen dem mysteriösen Trinkbecher auf der Terrasse gegenüber. *Und wenn ich das gerade wirklich war: Warum bewegt sich das runde Tier da vorne nicht mehr? Habe ich es so sehr beeindruckt, dass es sich tot stellt? Oder macht es gleich damit weiter, nur um zu sehen, ob ich den Sound von gerade noch einmal hinbekomme? Meinen beiden Menschen jedenfalls scheint mein Lärm vorhin gefallen zu haben. Sonst würden sie mir nicht ständig über den Kopf streichen und mich einen feinen, feinen Kerl nennen. Und überhaupt: Was ist ein feiner Kerl?*

Nicht minder spannend sind Sams erste Begegnungen mit seinem Spiegelbild – an der Wand gleich neben dem Kleiderschrank. Gleiches dann wenig später an der Fensterscheibe der Terrassentür, solange sie bei der Rückkehr von der Gartenrunde noch geschlossen ist und sich der Hund in schemenhaften Umrissen darin spiegelt. Direkt dahinter taucht dann auch noch der Rudelführer auf, der vergnügt ins Wohnzimmer winkt und das unheimliche Rätsel perfekt macht. *Was ist das denn?*, scheint Sam abermals zu fragen, als er sich zum Verfasser dieser Zeilen hin umdreht. *Reicht euch ein Hund nicht?* Die Betrachtung seines Abbilds hat für den kleinen Hovawart in diesem Moment fast schon etwas Hundephilosophisches: *Wer bin ich? Und wenn ja – wie viele?*

Sam betrachtet den Hausgeist, der ihm mit einem Mal wie ein unheimlicher Zwilling gegenübersteht, sichtlich überrascht. Erst später wedelt er mit dem Schwanz und scheint sich in genau diesem Moment die Sinnfrage zu stellen, bevor er die Störung in der Matrix hinter sich lässt, weiterläuft und sich mit den Zähnchen lieber eines seiner Spielzeuge greift, um schnell mal wieder ein Hundekind zu sein. Genau das sind die Augenblicke, die ans Herz gehen. Die Augenblicke, für die sich die Mühe nach dem *Dog Day* lohnt und für die man sich – ohne Smartphone in Griffweite – analog Zeit nehmen muss. Und selbst wenn der kleine Racker mal wieder etwas angestellt hat im Haus oder im Garten: Richtig böse kann man ihm nicht sein. Gerade auch nach Momenten wie diesen.

Besser als jede Fitness-App

Du kannst deinen Hund in Augenblicken wie diesen niemals belächeln, so treu und so aufrichtig, wie er ist. Für ein Schmunzeln reicht es aber immer. Und für einen altmodischen Eintrag ins Tagebuch, um all das Schöne und Bewegende festzuhalten in den ersten Wochen und Monaten mit Hund. So etwas mag im 21. Jahrhundert ein wenig aus der Mode gekommen sein – aber uns schert das hier draußen nicht. Später wirst du deine Zeilen vielleicht mit anderen Augen lesen, mit etwas Abstand. Aber selbst dann kommst du immer wieder zu diesem Schluss: Das hier hat Seele. Das hier ist das Leben mit kurzem Anlauf, eine Hunderunde auf dem Boden der Tatsachen, frei von digitalem Kanalrauschen.

Unsere Wochen sind verplant, unsere Tage sind getaktet, und nicht wenige von uns leben mittlerweile in einem digitalen Koordinatensystem, das genau festschreibt, wohin wir uns bewegen in den Stunden, die uns bleiben. Was sich daraus ergibt? Die Sehnsucht nach einer bewussten Auszeit, verbunden mit dem Wunsch, mal auf die Bremse zu treten und das Tempo zu reduzieren, wann immer das gerade möglich ist. Das Leben mit Hund kann dir dabei helfen, als eine Chance von vielen, wenn du sie zu nutzen weißt und dabei auf dein Herz hörst.

Höher, schneller, weiter: Natürlich ziehen manche Performer im Netz immer nur den schönsten, immer nur den besten und immer nur den schlausten Hund aller Zeiten groß. Für die größtmögliche Reichweite lassen sie ihren Social-Media-Helikopter beharrlich um sich selbst kreisen, bis die Maschine zwischendurch mal landen muss, um aufzutanken und aufpoliert zu werden, sobald sich die Rotorblätter beruhigt haben. Was nichts daran ändert, dass viele Zeitgenossen online trotzdem kopflos unterwegs sind, um sich im Netz gegenseitig zu überbieten und sich mit dem niedlichsten Hund der Welt auf dem Schoß möglichst hübsch in Szene zu setzen. *Optimise yourself!*

Sam hingegen ist alles – nur kein Accessoire. Unsere Erlebnisse mit ihm werden mit der Zeit zu Erinnerungen, die wir in unseren Herzen tragen und die uns niemand mehr nehmen kann, was immer auch kommen mag. Nicht wenige Menschen drehen sich im Netz nur noch um sich selbst, betrachten alles von oben und sehen sich als das Maß aller Dinge – was oft auch den Hund an ihrer Seite einbezieht. Erfrischend zu wissen: Hovawart Sam sind Helikopter und Weichzeichner fremd, und er schaut unterwegs am liebsten in den freien Himmel, sobald wir mit ihm draußen sind.

Und wenn du nach einem anstrengenden Tag im Büro, im Business, am Fließband oder sonstwo nach Hause kommst, immer noch unter Strom stehst und dich einfach nur müde, leer und kraftlos fühlst? Dann biegt dein Seelenhund um die Ecke und erdet dich umgehend, wenn du ihn nur lässt. Er bringt dich auf seine Weise dazu, zwischendurch Pause zu machen, Auszeiten zu nehmen, ganz profan einfach mal etwas zu essen und zu trinken und entdigitalisiert nach draußen zu gehen. Das macht deinen Alliierten auf vier Pfoten konsequenter als jede Fitness-App, sobald er vor dir steht, mit Nachdruck Zeit einfordert und einfach nur nach draußen will. Zeit, die man sonst doch wieder nur als Hamster im Laufrad verbringt, während es von der einen Etappe direkt zur nächsten geht. Nicht umsonst fühlen sich immer mehr Menschen im digitalen Zeitalter privat wie auch im Job schlicht und einfach überfordert. Hier gibt es ihn, den Gegenentwurf, wenn du ihn nur als solchen erkennst und annimmst.

Auf dem Weg zur Feierabendrunde draußen wird der innere Schweinehund am Wegesrand dann einfach mal weggebellt und kommt so schnell nicht wieder. An der frischen Luft schaltest du zwei bis drei Gänge runter, mindestens, bewegst dich weit unter dem zulässigen Höchsttempo und kannst den Alltag endlich hinter dir lassen, solange du das für angebracht hältst. Dein Schatz, sofern du einen hast, kann derweil daheim in Ruhe eine Runde mit dem Saugwischer oder Staubsauger drehen oder kommt bestenfalls einfach mit – was euch hier draußen komplett und die ganze Sache perfekt macht. *Wie ihr wollt.*

Also auch hier: Leine(n) los! Bestenfalls hast du unterwegs mit Hund da draußen überhaupt kein Netz und entdeckst auf diese

Weise deine eigene kleine Insel, auf die euch niemand folgen kann. Niemand auf dieser Welt kann dich offline an Pflichten erinnern, die eigentlich noch Zeit haben. Niemand auf dieser Welt kann dich hier draußen anstupsen, wenn dein Hund alles an Aufmerksamkeit beansprucht, was dir noch zur Verfügung steht. Wenn er über die Wiese oder durch den Wald sprinten will. Wenn er im Bachwasser steht, es mal wieder komplett aufzutrinken versucht und du das Handy nur aus der Tasche ziehst, um davon ein Erinnerungsfoto zu machen. Schau dir jedes der Bilder nach der Hunderunde nochmal in Ruhe an, während dein Weggefährte unter dem Küchentisch zufrieden schnarcht und dir klar wird, dass das hier besser ist als jedes digitale Meeting. Gemeinsame Zeit ist und bleibt eines: wertvoll. Und wenn das Handy erstmal schweigt, zeigt dir dein Hund, wie gut es ist, endlich wieder nach vorne zu schauen, zum Horizont, in den Himmel – und nicht immer nur nach unten.

Wie kommt dein Schuh ins Hundebett?

Zuerst beschäftigt sich Sam am Abend völlig in sich gekehrt mit jedem seiner Spielzeuge – als da wäre der putzige Hase, die leicht durchgeknallte Henne, das kaffeebraune Wurzelstück wie auch der zerzauste Teddy und der lustige Quietsch-Waschbär. Auch mit dem

gepolsterten Darth-Vader-Imitat liefert sich Sam alias Elvis das eine und andere Mal eine pfotenfeste Auseinandersetzung. Achtet man von der Couch aus einen Moment lang nicht auf den kleinen Derwisch, findet man einen Augenblick später den alten Wanderschuh, der vorhin noch am Terrassenfenster gestanden hat, mit einem Mal zwischen all den Spielzeugen im mausgrauen Hundebett wieder, mit dem lächelnden Hovawart in ihrer Mitte.

Diesmal war es der linke Schuh, und es scheint nur eine Frage der Zeit zu sein, bis auch der rechte seelenruhig auf das Ruhelager transportiert wird, denn genau da gehört er hin. Zumindest aus Sicht des Hundes. Und während sein Herrchen das Beutestück mit Schnürsenkeln nicht minder beharrlich zurück an seinen Ursprungsort befördert, schreitet Sam in seiner Eigenschaft als Elvis betont desinteressiert durch eine enge Gasse zwischen zwei beiseite gerückten CD-Türmen aus balinesischem Albesiaholz, dreht sich in der Bewegung noch etwas ungelenk zur Seite, um gleich noch nach dem nächsten Schuh zu suchen, verliert dabei das Gleichgewicht – und fällt um.

Nach den ersten Wochen mit Hund steht in dieser Angelegenheit zumindest eines fest: Bei der Auswahl von Schuhen, die Sam zwecks Materialtest gerne mal in sein Ruhelager vor dem Sofa verschleppt, ist der Hovawart mitunter wählerisch. Nagelneue Sneaker von Deichmann fallen ebenso in sein Beuteschema wie Wanderschuhwerk aus früheren Tagen. Klarer Fall – der kleine Mann ist sportlich und augenscheinlich modebewusst. Was nicht heißen soll, dass ihn nicht auch Hausschuhe für *sie* und für *ihn* immer wieder magisch anziehen. Uns Menschen bleibt letzten Endes nur Poesie, während wir das alles zurück an Ort und Stelle tragen: *Den Schuh hat Sam zum Fressen gern und bleibt doch unser Augenstern.*

Hovawarte haben magische Kräfte. Sie schaffen es, dass Gegenstände in der Wohnung und im Garten wie von Zauberhand verschwinden und woanders wieder auftauchen. Das Leben mit Hund, ganz gleich, ob er vom Züchter oder aus dem Tierheim stammt und ein neues, gutes Zuhause bekommt, ist auf jeden Fall eines voller Überraschungen. Mittlerweile schafft es Sam im Home-Office sogar, den Drucker gleich neben dem Schreibtisch einzuschalten, indem er seinen Kopf einfach auf das Bedienfeld legt und damit die richtigen Tasten drückt. *A Kind of Magic!*

Toys, Toys, Toys ...

... wohin du auch schaust! Das sind martialisch anmutende Taue, die Hovawart Sam stundenlang durchkaut, als gäbe es kein Morgen. Oder auch Spielzeuge aus robustem Gummi und Kunststoff, für die streng genommen auch Beate Uhse hätte Patin stehen können – ihr wisst schon. All diese Sachen hat die Rudelführung in den vergangenen Tagen und Wochen aus erziehungsstrategischen Gründen in der Wohnung verteilt: Das Spielzeug liegt im Bad, es liegt in der Küche, und, oha, im Schlafzimmer liegt es auch, gleich neben Sams Kuschel-UFO, in dem ein Knuddelhase speziell für kleine Hunde zurückgelassen wurde, dessen wuchtige Füße beziehungsweise Pfoten beziehungsweise Läufe in etwa so aussehen, als habe sie ein Spielzeugkonstrukteur formschön in Beton gegossen – als Hommage an die Mafia-Filme der Siebziger- und Achtziger-Jahre.

Das Hunde-Spielzeug liegt selbst neben Thermomixin Else, stets griffbereit, sollte Sam alias Elvis mit einem Mal lautlos hinter Frauchen auftauchen wie eine Geistererscheinung, um mit traurigen Augen, die sich steil nach oben richten, zumindest einen Teil der Kochzutaten einzufordern. Du findest das Spielzeug, für das, wir wissen es schon, auch Beate Uhse hätte Patin sein können, selbst auf der Wohnzimmer-Couch. Natürlich erst, nachdem du dich in Erwartung des *heute journals* dort niedergelassen hast und feststellen musst, dass dir irgendjemand von hinten den Lauf einer Schusswaffe in den Rücken bohrt. So fühlt es sich zumindest an.

Es handelt sich aber doch nur um das vermaledeite Stück Kauholz, das dank Sams Hundezähnchen bald spitz genug ist, um im Ernstfall damit einen Vampir zu pfählen.

Und selbst wenn du eines der Toys demnächst im Kühlschrank oder im Gefrierfach vorfinden solltest, weil du es übernächtigt oder einfach nur zu deinem Schutz dort platziert hast: Wäre das wirklich eine Überraschung? Sam jedenfalls liebt all diese Sachen und rückt sie meistens nur widerwillig raus, nachdem er sich in wechselnden Reihenfolgen mit ihnen beschäftigt hat. Und was soll man sagen? *Die Macht ist wirksam bei diesem da:* Selbst Darth Vader in der Hundespielzeug-Variante hält Sam nicht stand und zeigt bereits nach wenigen Tagen, dass nichts im Kosmos, aber auch gar nichts, für die Ewigkeit ist. Das gilt nicht zuletzt auch für Hoodies, die Sam alias Elvis ebenfalls ins Hunde-UFO verschleppt, um sie wie schon die Schuhe einem Stresstest zu unterziehen. Sobald sich ein Mensch dem Tatort nähert, liegt der Hund teilnahmslos zwischen all den Sachen, blickt entspannt nach oben und scheint sein Gegenüber per Telepathie herauszufordern: *Hallo Mensch! Finde den Fehler: Auf meinem Platz hier befinden sich acht Gegenstände des täglichen Lebens, von denen mindestens einer nicht hier hingehört. Um welchen handelt es sich?*

Was schließen wir daraus? Dass du dich noch so gut auf den Einzug deines neuen Mitbewohners auf vier Pfoten vorbereiten kannst und möglichst alles, was dir persönlich wichtig ist, in Schränke packen oder auf Regale stellen magst: Der kleine Hund findet Mittel und Wege, selbst an diese Sachen zu gelangen. Und wenn er dafür den Zeitungsständer gleich neben dem Sofa kurzerhand als Steighilfe benutzt. Klarer Fall: Der Hovawart ist schlau genug, um eines Tages die Hunde-Uni in Wuffbridge zu besuchen – so wie er mit Lernspielzeugen umgeht, sobald er vor der Aufgabe steht, ihnen Leckerchen zu entlocken, die sich nur durch gezieltes Rollen und Drehen nach draußen befördern lassen. Kein Wunder, dass

Hovawart Sam das inzwischen auch bei anderen Spielzeugen versucht. Bei seiner Knuddelkatze zum Beispiel. Oder bei seinem Knuddelhasen. Beide schiebt er mit seiner Schnauze dann gleichermaßen über den Parkettboden und erwartet, dass aus ihnen etwas Leckeres herausfällt. Zwischendurch taucht Sams Köpfchen mit den langen Ohren gerne auch mal an der Sofakante auf, bevor

er wie der Weiße Hai mit bloßen Zähnen wahlweise Gegenstände oder Gliedmaßen in die Tiefe zu ziehen versucht, was ihm zum Glück aber nicht immer gelingt.

Aufgestanden, Platz vergangen ...

Auf meinem bisherigen Stammplatz auf dem Sofa im Wohnzimmer liegt nun ER allein: ausgestreckt auf der Hundedecke, wie ein Turmspringer nach einer Bauchlandung im leeren Schwimmbecken – alle Gliedmaßen von sich gestreckt. So schläft Hovawart Sam den Schlaf der (aus seiner Sicht) Gerechten. Und mein Schatz, mit dem ich einst viele schöne Heimkino-Stunden auf besagtem Sofa verbracht habe? Die Rudelführerin deutet mit vielsagendem Blick nur auf Sams Kuschel-UFO gleich neben der Couch. *Ich wasche das Ding für dich auch*, sagt sie irgendwann mit sanfter Stimme und verlegt mich kurzerhand dorthin. *Aufgestanden, Platz vergangen?* Sam selbst ist das ziemlich egal. Nach unseren Herzen hat er nun also auch das Sofa erobert. Und schläft einfach weiter. Ich will in diesem folgenreichen Moment noch was sagen, mich irgendwie einbringen in den Diskurs – und dann klingelt auch schon der Wecker. *Sieben Uhr früh.* Alles nur geträumt? Von wegen: Am Abend darauf ereignet sich das oben beschriebene Schauspiel dann wirklich – wenn auch nur aus Spaß, nachdem ich von meinem Traum erzählt habe. *Aufgestanden, Platz vergangen!* Ganz so unbequem ist Sams Kuschel-UFO dann doch nicht.

Gartenarbeit mit Hovawart

Endlich, endlich: Der Monsunregen im Juli und August scheint vorbei zu sein, erstmal zumindest, und nachdem sich die Sommersonne zwischen den schneeweißen Wolken am ansonsten makellos blauen Himmel gezeigt hat, geht es nun also hinaus an die Gartenarbeit – und das erstmals mit Hovawart Sam im Gefolge. Heute kommt nach langer Auszeit der Akku-Rasenmäher Gustav zum Einsatz, an der Seite von Schubkarre Paul, auf der wiederum auch schon die Harke Gunter bereit liegt. All das betrachtet Sam ebenso neugierig wie skeptisch, bevor er auf der Terrasse einen schattigen und mit einer Wolldecke ausgestatteten Ruheplatz zugewiesen bekommt – mit einem Napf Wasser in Schlürfweite.

Und dann geht es auch schon ans Rasenmähen, während der Hovawart seine Morgenrunde durch den Garten dreht und dabei auch das Gewächshaus eingehend inspiziert. Woher allerdings das Baumharz stammt, das am Abend dann in Sammys Fell zu finden und nur mit größter Vorsicht herauszukämmen ist, wird dagegen sein Geheimnis bleiben. Elvis lässt grüßen. Und immer wieder begibt sich der Hund zwischendurch auf Expedition ins Tierreich: Mal lauscht er der Spitzmaus, die sich unter den Terrassendielen einen Sommersitz eingerichtet hat und gelegentlich hin- und herflitzt, was der Hovawart oberhalb der Bretter wiederum aufmerksam verfolgt. Und da wäre die kleine Landspinne, die ebenfalls über die Holzdielen läuft und die Sam genauso zu beschnuppern versucht, bevor sie zwischen einer der Lücken auf dem Terrassenboden verschwindet und der Maus weiter unten einen Besuch abstattet. Käfer gehören ebenso zu Sams erstem großen Gartentag wie Ameisen und Schnecken.

Und als Gustav zwischendurch verstummt, weil ein Akku-Wechsel fällig ist, lauscht der Hund dem Wind, der nach Feierabend im Garten dann auch noch den leisen Gesang der Alpaka-Familie aus der Nachbarschaft zwei Wiesen weiter herüberträgt. Keine Frage: Sobald längere Spaziergänge mit unserem Hovawart möglich sind, werden wir auch diesen Tieren einen Besuch abstatten. Jagdhornbläser in der Ferne haben wir hier oben im Garten ebenfalls schon gehört und werden noch herausfinden, was es mit ihnen auf sich hat. So ist das (L)eben auf dem Land.

Gib mal Gras! Und weiter geht's beim Rasenmähen! Sam begegnet dem rollenden Gustav mit großem Respekt, freut sich aber postwendend über den Kurzhaarschnitt seines Territoriums, das erstmal intensiv beschnuppert wird. Dass der Hund ein Faible für Gras verschiedenster Sorten hat, zeigt sich auch hier immer wieder. Am Morgen danach nimmt der Hovawart die Gelegenheit zum Anlass, um sich noch einmal wie Bolle über den Rasen hier draußen zu freuen. *Gras ohne Ende!* Dass Menschen für Glücksgefühle dieser Art einst in die Niederlande fahren mussten, weiß der Hund natürlich nicht. Ihm ist auch schnuppe, was ein Coffeeshop ist. Fehlt jetzt nur noch eine Jamaika-Fahne, die oben im Garten gleich neben Sams Aussichtspunkt im Wind flattert. *Ob Hunde wohl Reggae mögen? Und was sagt das Collie-Mädchen von nebenan, wenn der Hovawart ihr Tulpen aus Amsterdam mitbringt?*

Im Wald mit Rasputin

Irgendwann im Spätsommer begegnet Hovawart Sam, als es rausgeht in den Wald zum *Kaminholzmachen*, dann auch noch der Benzin-Motorsäge Rasputin. Aber keine Sorge, kleiner Mann: Als Rückehund setzen wir dich mit Sicherheit nicht ein – so großartig und energiegeladen du auch bist. Das Ziehen schwerer Baumstämme und Äste übernimmt dann doch lieber der betagte, aber immer noch rüstige Traktor unseres Nachbarn namens Alfons. Dein Job als Hund wird lediglich darin bestehen, das Holzlager wachsam im Blick zu halten, sobald Alfons durch ist. Und, natürlich, um auch hier an diversen Zweigen zu knabbern und Astwerk in den Garten nebenan zu schleppen, um es dort zunächst zu zerkleinern und dann im Blumenbeet zu verbuddeln, wie du das ja auch schon mit dem Rinderohr getan hast. Irgendwie, irgendwo und irgendwann wirst du dann auch das vergrabene Stück Holz wiederfinden, eines Morgens um 5.38 oder 7.05 Uhr, wenn du gerade mal wieder geschäftlich unterwegs bist und heimlich zwischen Farnstauden und Büschen verschwindest, um spontan Erdarbeiten vorzunehmen.

Um dich zu vergewissern, dass die Luft rein ist, schaust du zwischendurch immer mal wieder auf und gräbst erst dann weiter. Sobald das Ausgrabungsstück dann endlich vor dir liegt, in welcher Verfassung auch immer, nimmst du es an dich und trägst es stolz vor dir her, um dich im Wohnzimmer abschließend mit ihm zu befassen. Zuvor legst du das Stück Holz aber nochmal eben zu Seite, um frische Regentropfen vom Gartenstuhl abzuschlecken und in der Scheibe des Terrassenfensters abermals dein verwaschenes Spiegelbild zu betrachten wie einen Hausgeist, der zufällig deinen Namen trägt.

Auf all das freuen wir uns, lieber Sam, und ich wünschte mir, meine Mutter wäre noch da, um das mitzuerleben und dabei zu sein, sobald es an die nächsten Meilen unseres gemeinsamen Wegs hier draußen auf dem Land geht. Mit deinen Vorgängern war Hectors Mama immer gerne hier unterwegs, auf den Wiesen und auf den Feldern. Und das stets in Sichtweite unserer betagten Hausgans, deren Name mir partout nicht einfallen will. So werden sie uns jetzt eben von oben aus zuschauen, bei Wind und bei Wetter – ganz sicher.

Dog Notes

Eine weitere Erkenntnis nach den ersten Wochen mit Hund: Sowohl der Quietsch-Waschbär wie auch der Quietsch-Biber sind robuster als gedacht. Natürlich – nach Tagen extremer Beanspruchung zeigen auch sie die eine oder andere Gebrauchsspur und sind mitunter platt wie Flundern. Aber ihr lärmendes Innenleben funktioniert interessanterweise immer noch. Wichtig ist in jedem Fall, dass nichts davon in Sams Magen gelangen kann. Das also bei der Auswahl von Spielzeug für euren Hund unbedingt im Blick behalten und besser auf zu kleine Sachen verzichten, die der Hund verschlucken könnte.

Intervall-Fasten mal anders. Und noch etwas ist hier in den *Dog Notes* festzuhalten: Hovawart Sam liebt seine Quietschis heiß und innig und geht mit ihnen durch dick und dünn. Sie einfach so verschwinden zu lassen wie unliebsame Zeugen in einem Kriminalfall, kommt deshalb nicht in Frage. Aber wir haben inzwischen Zeitkorridore eingerichtet, in denen sowohl der Biber wie auch sein possierlicher Freund, der Waschbär, ganz oben auf dem Wohnzimmerregal gelagert werden – und damit unerreichbar für

Sam. So lange müssen der Kuschelhase und der Kuschelbär, beide ohne Soundfunktion, die Belastungsspitzen auffangen. Und sie meistern diesen Job ausgezeichnet. Auf diese Weise ist erstmal Ruhe im Karton: Wer beim Frühstück am Sonntagmorgen schon mal 30 oder 40 Quietsch-Intervalle in kurzer Tonfolge gehört hat, weiß, wovon hier die Rede ist.

My Way to bell. Neulich hat Sam regulär gebellt, ohne den geisterhaften Kaffeebecher auf der Terrasse, und damit den Hofwächter tief in sich entdeckt: Ein kurzer, aber beherzter Warnlaut mit ganz viel Volumen, draußen, auf dem Weg zum Gartentor, mit wedelndem Schwanz, um einen (noch) fremden Menschen am Zaun zu begrüßen. *Wuff!* Der Anfang ist also gemacht. Der angebellte Gast hat erklärtermaßen keine Ähnlichkeit mit einem rollenden Trinkgefäß, sodass man guten Gewissens davon ausgehen kann, dass der Hovawart seinen Dienst als Wächter, Checker und Einlasskontrolleur nun offziell angetreten hat. *An mir kommt fortan keiner vorbei: im November nicht, wie auch im Mai.*

Spannung mal anders. Beim täglichen Spaziergang war Hovawart Sam in seinen ersten Wochen überaus vorsichtig, sobald er das Gartentor erreicht und nur zaghaft hinter sich gelassen hat, die Fünf-Meter-Leine im Schlepptau und den noch gut verschlossenen Belohnungsbeutel seiner Rudelführer stets im Blick. Skeptisch war der Hund vor allem bei Elektrozäunen am Wegesrand, die Rinder, Kühe und Pferde auf Abstand halten. Das liegt an einer im wahrsten Sinne des Wortes spannungsgeladenen Begegnung vor einigen Monden, als der damals noch kleine Sam mit seiner Rute zufällig einen dieser Zäune berührt hat und erfahren musste, dass blitzschnell Konsequenzen folgen, sobald man nicht aufpasst.

Ist da Strom drauf? Daher ein gut gemeinter Rat an alle, die mit ihren Hunden die ersten Spaziergänge machen: Haltet den Wegesrand und mit ihm besagte E-Zäune immer im Blick, damit euer neuer Begleiter möglichst auf Abstand bleibt und bei der Premiere als Spaziergänger gar nicht erst eine solche Erfahrung macht *und einen gewischt bekommt.* Nur mit viel Geduld und einigen Belohnungen ließ sich der kleine Hovawart nach diesem Erlebnis überhaupt noch dazu bewegen, das Grundstück zu verlassen und den Weg an der Wiese noch einmal mit uns zu gehen, den bissigen Elektrozaun misstrauisch im Blick.

Sobald die kritische Passage hinter uns liegt, trabt Sam frohen Mutes bergauf und bergab, um andere Hunde im Gegenverkehr mal beiläufig und mal euphorisch zu grüßen. Das Auenland ein paar Wiesen weiter hat der Hovawart ebenso ins Herz geschlossen wie den einen oder anderen Waldweg dorthin. Gleiches gilt für die beiden Mirabellen-Bäume bei uns im Garten, die Sam als Fallobst-Lieferanten zu schätzen weiß, bevor man ihm die frisch erbeuteten Früchte schweren Herzens wieder abnimmt.

Wir müssen dabei immer darauf achten, dass der Hund beim Auflesen von Obst bloß nicht die Wespe Werner verschlingt. Sie lungert schon seit Tagen hier herum und verbreitet schlechte Laune. Vorsicht ist auch bei all den Bienen und Hummeln geboten, die Hovawart Elvis neugierig auf der Kleewiese verfolgt, bevor die brummenden Flieger gerade noch rechtzeitig abdrehen und hart gegensteuernd zwischen Bäumen und Büschen verschwinden.

Blitz & Donner über dem Kopf. Und wenn es mit einem Mal zu regnen beginnt und draußen wie aus Kübeln schüttet, was in Sams erstem Sommer bei uns immer wieder vorkommt, sucht der Hovawart gerne auch Zuflucht im Gewächshaus. Und hört dort als Lauscher auf vier Pfoten zu, wie die schweren Wassertropfen oben auf das Dach prasseln. Bei großer Hitze tobt sich der kleine Mann derweil in seiner mit Baumarkt-Sand gefüllten Spielmuschel aus, während ihre andere Seite seit dem letzten Unwetter mit Regenwasser gefüllt ist und dem Racker bei Bedarf nun etwas Abkühlung bietet.

Begegnung mit Gisela. Sam scheint sich immer wieder zu fragen, um was für ein Geschöpf es sich wohl bei Gießkanne Gisela handelt: Die große alte Dame steht neben den drei Blumenkübeln auf der Terrasse. Ihr Bauch ist mit Wasser gefüllt, das am Ende ihres ziemlich langen Gänsehalses sofort für einen Nieselregen gut ist, sobald das runde Tier in Schräglage gerät. Gisela ist natürlich mit von der Partie, als es an Bord von Schubkarre Paul neben zwei baugleichen Artgenossinnen gemeinsam Richtung Gewächshaus geht.

Safety first. Zu nassem Gras hält Sam grundsätzlich Sicherheitsabstand, was auch mit seinem zunächst noch tapsigen Gang und dem fehlenden Unterbodenschutz im Bauchbereich zu tun haben dürfte. *Das wächst sich raus,* denken wir. Bis dahin trabt der Hovawart auf vier spitzen Pfoten über den feuchten Rasen und erinnert dabei immer wieder an ein Dressurpferdchen. Vermutlich, um den Regen- und Tautropfen auf den Grashalmen zu seinen Füßen möglichst wenig Auflagefläche zu bieten und den Erdboden bei jedem Schritt immer nur so kurz wie möglich – und so lang wie eben nötig – zu berühren. An Eleganz jedenfalls ist dieses Schauspiel nicht zu überbieten, bis Hovawart Sam auf dem Rückweg zur Terrasse ein wenig aus dem Takt kommt, als er mit einem Ausfallschritt einen verirrten Nachtfalter zu schnappen versucht. Vergeblich, versteht sich.

Iss langsam! Bewährt hat sich zunächst auch die Anschaffung eines Anti-Schling-Napfes. Er ist am Boden mit Ausbuchtungen versehen, die wirksam verhindern, dass der kleine Hund das dazwischen verstreute Futter in einem Rutsch vertilgt: Was zuvor in 15 Sekunden erledigt war, nimmt bei der Hundemahlzeit nun Minuten in Anspruch. Bewusster fressen also. *Schön und zweckdienlich!* So brachte es die Rudelführerin nach dem ersten Praxiseinsatz des Spezialtellers auf den Punkt, um ihrem Schatz vom nächsten Einkauf dann ebenfalls einen Anti-Schling-Napf mitzubringen. Vorausschauend in einer anderen Farbe, damit man sie beim Befüllen wie auch beim Spülen immer gut auseinanderhalten kann.

Der hier ist für dich, sagt sie noch vergnügt, bevor der klingelnde Wecker auch diesmal alles in Luft auflöst und das anstehende Frühstück auf konventionellen Tellern in Aussicht stellt. Es sei denn, der Verfasser dieser Zeilen entscheidet sich, solidarisch mit dem Hund, dann doch noch für die Anti-Schling-Variante. Bei Chips und Erdnüssen beim Heimkino-Abend mag das ja noch funktionieren. Aber spätestens beim Schinkenbrot stößt der Napf dann schnell an seine Grenzen.

Nomen est Omen. Natürlich haben wir intensiv erörtert, auf welchen ebenso klangvollen wie eingängigen Namen der kleine Feivel vom Siebenteufelsturm auf Dauer hören soll. *Der Hund von Baskerville* erwies sich als zu lang und zuweilen auch irreführend. *Cujo* ist bei der Vorauswahl ebenfalls durchs Raster gefallen – als Referenz an den nur bedingt zutraulichen Vierbeiner aus Stephen Kings gleichnamigen Schauerroman. Zudem ist der Name hier in der Gegend auch schon vergeben, wie wir bald schon herausfinden werden. Und wie wäre es mit *Renfield*? Fraglos eine hübsche Alternative aus dem Bereich des Unheimlichen und Fantastischen – dann allerdings unweigerlich mit der Frage nach seinem Herrn und Meister Dracula verbunden.

Weiter geht es auf der Suche nach passenden Namen mit Klassikern aus der Kindheit in den Siebziger- und Achtziger-Jahren: Da wäre *Boomer, der Streuner* und natürlich auch *Lassie*. Wobei ein Hovawart einem Collie ja nur bedingt ähnelt. *Flipper* und *Black Beauty* würden als genreübergreifendes Statement fraglos Zeichen setzen, bleiben aber ebenso außen vor wie *Timmy der Hund*. Der hat ja schon den *Fünf Freunden* bei ihren Ermittlungen mit Taschenlampen im dichten Nebel britischer Felseninseln einst so viel Freude bereitet – bleibt aber letzten Endes für sich stehen wie ein Leuchtturm an der Steilküste. Ins Rennen bei der Namensgebung haben wir gleichermaßen *Higgins* geschickt, als Hommage an die *Magnum*-Krimis aus den Achtzigern, ebenso wie *Friedwart* aus

Hart aber Herzlich. Der gute alte Max würde das heute so auf den Punkt bringen: *Ein traumhafter Hund! Einfach toll!*

Fontane, Schopenhauer, Kafka, Dürrenmatt wie auch *Chewbacca* blieben als potenzielle Hundenamen ebenfalls nur Gedankenspiele, und irgendwann fiel die Wahl dann final auf *Sam* beziehungsweise auf den Zweisilber *Sammy*: Der lässt sich bei Bedarf auch mal energisch rufen und hat sich deshalb schnell bewährt. Gleiches gilt für *Elvis* – als Joker für den Fall, dass der Hovawart mal wieder durchdreht, wie ein außer Kontrolle geratener Kreisel durch die Wohnung kullert und der Silberkugel in einem Flipper-Automaten damit in nichts nachsteht.

Begegnung mit *E.T.* und *Elvira*. Die Elektrozahnbürste Elvira im Badezimmer ist Sam zunächst ebenso unheimlich wie der betagte Hengst Harald auf der Pferdewiese gleich nebenan. Das gilt auch für die lebensgroße E.T.-Nachbildung, die auf einem Stuhl im Arbeitszimmer sitzt und ein ausgemustertes Oberhemd trägt. Bei seiner ersten Begegnung mit dem aus Schaumgummi gefertigten Außerirdischen ist der kleine Hovawart noch aufgeregt umhergesprungen, wie er es schon bei dem Trinkbecher auf der Terrasse getan hat. Mittlerweile kommt Sam aber auch mit E.T. klar und sieht davon ab, ihn wahlweise beißen zu wollen oder mit ihm nach Hause zu telefonieren.

Neulich ging es für den Hund und das Alien sogar zusammen nach draußen – zum gemeinsamen Fotoshooting im Garten. So ist das eben, wenn dem Hovawart klar wird, dass er bei einem Menschen eingezogen ist, den seine Artgenossen hin und wieder auch als Nerd bezeichnen, weil er verschiedenste Repliken aus Kino- und Fernsehfilmen um sich versammelt hat. Das zeigt sich dann auch bei der Begegnung der dritten Art an einem Samstagmorgen im November: Zunächst beginnt Sam den Fototermin mit größtmöglichem Sicherheitsabstand. Dann aber wird der Außerirdische in Lebensgröße zwischen den Büschen neugierig beschnuppert – wie so vieles in den vergangenen Wochen und Monaten auch. Und dass wir hier draußen im Kosmos alles sind, nur nicht alleine, ist nun auch unserem Hund klar.

Sammy und der Flaschengeist. Hovawart Sam nuckelt auch gerne mal versonnen am Hals leerer Bierflaschen, sobald eine in der Küche in Reichweite ist. Der Hund scheint Hopfen und Malz zu mögen. Verloren sind die beiden bei ihm jedenfalls nicht. Gleiches gilt für Gegenstände, die der Hund als wertvoll erachtet und deshalb vorzugsweise unter dem Küchentisch, unter dem Wäscheständer oder auch mal unter der Wolldecke auf der Couch deponiert, wenn er sie draußen schon nicht verbuddeln kann. Das Indoor-Versteck für Spielzeuge, Kauknochen und anderes bringt den Vorteil mit sich, dass Sam den verborgenen Schatz gar nicht lange ausgraben muss und ihn bei Bedarf ganz einfach heben kann – im wahrsten Sinne des Wortes. Hin und wieder holt der Hovawart seinen XXL-Kauknochen auch aus dem Versteck zwischen den beiden CD-Türmen. Wir geben Sam natürlich weiterhin das Gefühl, dass nur er das Geheimdepot kennt. Und wir Menschen es uns im Traum nicht vorstellen können, wo der kleine Hund seinen großen Schatz aufbewahrt, damit bloß kein Fressfeind ihn findet und ohne sein Wissen klaut.

Trigger-Geräusche. Was Hovawart Sam in den ersten Monaten perfekt verinnerlicht hat, ist die direkte Zuordnung von Geräuschen in der Küche – mit Blick auf die Mahlzeit, die jeweils mit ihnen verbunden ist. Oder auch nicht. Sobald der Hund nebenan zum Beispiel den Sparschäler klicken hört, trabt er sofort dorthin, weil er weiß, dass dort entweder ein Stück Gurke, eine portionierte Möhre oder aber eine entblößte Apfel-Hälfte abzugreifen ist. Konsterniert schaut unser neuer Mitbewohner nur drein, wenn sich der Sparschäler lediglich um eine schnöde Feldkartoffel kümmert. Dann zieht der Hovawart seufzend von dannen und wartet lieber auf das Geräusch, das die digitale Futterwaage von sich gibt, sobald sie auf den Küchentisch gestellt wird. Diesen Sound hört Sam wahrscheinlich auch aus 5.000 Metern Entfernung und lässt sich mit wedelndem Schwanz umgehend in der Küche blicken. Gleiches gilt, kein Wunder, für den klappernden Fressnapf aus Aluminium. *Pfoten hoch: Futterkontrolle!*

Fitness-App mit Fell. Hunde bringen dich in Bewegung, und das im wahrsten Sinne des Wortes. Wenn du also mehr Zeit draußen verbringen willst, hast du nach dem *Dog Day* nun den idealen Trainingspartner – auch wenn ihr in den ersten Monaten natürlich mit Bedacht zu Werke gehen und auf Experten hören müsst, damit der neue Mitbewohner auch in diesem Punkt gesund aufwächst und nicht überfordert wird. Sam jedenfalls liebt Such- und Ballspiele. Den Wald nutzt er im Sprungfeder-Stil gerne mal zum Hürdenlauf. Und er bringt dir Sachen zurück, die überhaupt nicht vermisst werden und ihm dabei je nach Gewicht und Umfang einiges an Geschick abverlangen. Jogger und Radfahrer in Begleitung von Hunden beobachtet der Hovawart, der den Hof verwahrt, stets mit der gebotenen Aufmerksamkeit. *Man kann ja nie wissen.* Ein ebenso kuscheliger wie dynamischer Fettverbrenner ist unser kleiner Racker auf jeden Fall. Von null auf hundert in wie vielen Sekunden? Unsere Fitness-App mit Fell kommt ganz ohne Zahlen aus.

Lessons Learned

Im Rückblick auf die ersten Monate mit Hund zu Hause war es klug, rund um den *Dog Day* jeweils den Jahresurlaub einzuplanen, um in unserem Fall sechs Wochen am Stück zusammenzubekommen: für einen freien Kopf auf den ersten Etappen ganz ohne Termindruck, für möglichst viel Zeit mit Sam – und für ein gut gefülltes Geduldskonto, sollte es beim Ankommen unseres neuen Mitbewohners mal nicht so laufen wie gedacht. Jeder Tag zusammen ist gerade auf den ersten Metern wertvoll und gut investiert:

Gemeinsam stellt ihr nach dem *Dog Day* nichts anderes als die Weichen für die nächsten Jahre als Team. Ihr prägt den Hund an jedem neuen Tag. Und ihr braucht die notwendige Ruhe, um euch intensiv mit ihm zu beschäftigen.

Natürlich kannst du gerade am Anfang einiges falsch machen. Aber mit entsprechender Vorbereitung auch einiges richtig, und das vom ersten Tag an. Alles nur eine Frage der Balance. Um richtiges Verhalten direkt zu belohnen und damit auf Dauer zu etablieren, haben wir die Leckerchen bei Bedarf schnell zur Hand. Am besten trägt man sie gerade in den ersten Wochen immer bei sich oder hat sie in der Wohnung griffbereit deponiert, um einen kurzen Weg zu haben, wenn es gerade mal richtig gut läuft. Aber auch bei der Belohnung ist bei aller Hundeliebe Augenmaß gefragt: Ihr wollt ja schließlich kein verwöhntes Pummelchen großziehen, bei dem jeder Aufzug sofort ÜBERLAST! BITTE SOFORT WIEDER AUSSTEIGEN! meldet.

No Breakdance! Klingt profan, ist es aber nicht: Vermeide im Haus und im Garten unbedingt Stolperfallen. Und nutze auch zu diesem Zweck Depot-Kisten, Regale und Schränke zur Aufbewahrung von Hundespielzeug, noch bevor dir das Kau-Tau auf dem Küchenboden zu einer bühnenreifen Breakdance-Einlage verhilft, die gegebenenfalls einen Besuch in der Unfallchirurgie nach sich zieht. Gleiches gilt für Teddybären und Kuschelhasen auf dem Boden, die dich mit Anfang fünfzig schneller von den Beinen holen können, als dir lieb ist.

Alles schnell beisammen? Natürlich gibt es einige kluge Ratgeber-Formate rund um den Hund im Fernsehen oder in Buch- und Zeitschriftenform, sodass auch diese Seiten hier nur ein Mosaikstein unter vielen anderen sind. Das alles bringt aber nichts, sollte der Welpe morgens blitzschnell zum Pipi-Machen nach draußen müssen, und du hast weder Schuhe, Hose, Jacke noch bei Bedarf eine

Taschenlampe griffbereit. Manchmal kommt es auf die profanen Dinge im Leben an. Und das mit kurzem Anlauf. *Hectors Best:* Jetzt liegt das Equipment für die erste Gartenrunde des Tages immer schon am Vorabend bereit – selbst im Halbschlaf schnell zu finden, wenn auf dem Weg hinaus wirklich jede Sekunde zählt.

Auf Kurs bleiben. Und wenn es mal schief gegangen ist beim kleinen oder großen Geschäft früh am Morgen? Dann bringt Ausschimpfen gar nichts. Vor allen Dingen nicht später: Selbst die strengste Ermahnung kann Hovawart Elvis dann in keinen direkten Zusammenhang mehr zu seinem Missgeschick bringen, um daraus etwas für das nächste Mal zu lernen. Zu den *Lessons Learned* gehört deshalb auch, den Hund unmittelbar zu loben und direkt zu belohnen, sobald er etwas gut und richtig gemacht hat. Das behält er in Erinnerung und zieht daraus beim nächsten Mal die richtigen Schlüsse. Gleiches betrifft die Gegenrichtung, wenn es darum geht, dem Hund etwas abzugewöhnen auf vernünftige und nachhaltige Weise, ohne ihm wie auch immer wehzutun.

Gesund & sicher. Und was die vielen Versicherungs-Angebote betrifft, die im Ernstfall Haftpflichtschäden und hohe Behandlungskosten beim Tierarzt oder in der Haustierklinik auffangen: Tausche dich vor dem Vertragsabschluss unbedingt mit anderen Hundebesitzern ungefiltert über ihre persönlichen Erfahrungen mit der Versicherung gerade auch in schwierigen Fällen aus: Was ist besonders gut gelaufen? Und was war bei der Abrechnung im Anschluss dagegen ein Riesenakt? Gleiches gilt für die Tierarztpraxis deiner Wahl wie auch für das Kennenlern-Gespräch mit der Ärztin oder dem Arzt selbst. Hier kannst du all diese Themen ebenfalls ansprechen, um dir eine fundierte und verlässliche Meinung einzuholen.

Rückruf ohne Telefon. So gut sortiert wir nach den ersten Wochen Leinentraining bei jedem Spaziergang da draußen auch sind: Entscheidend ist, was passiert, sobald wir Sam von der Leine lassen.

Und er mit einem Mal ein vermeintlich lohnendes Ziel in der Ferne erblickt, zu dem es sich prima hinsprinten lässt ohne Rücksicht auf Verluste. Den Hund außer Rand und Band dann sofort zurückrufen zu können, und das ohne Telefon, hat sich in den vergangenen Monaten als eine der wichtigsten Baustellen auf unserer gemeinsamen Reisestrecke herausgestellt. Gerade auch, wenn am anderen Ende der Wiese mal keine Menschen oder Hunde unterwegs sind, sondern drei oder vier oder fünf bildhübsche Reh-Damen mit weißem Popo. Gerade auch sie gilt es vor Unheil zu bewahren, sobald in Sam der Jagdtrieb erwacht und unser Hovawart in Sekundenschnelle zu Elvis wird.

Bewährt hat sich für den Fall der Fälle die Kombination aus Geschirr und hinten eingeklinkter Schleppleine in Signalfarbe, um den Hund auf der Wiese oder im Wald mit einem Satz nach vorne sofort stoppen zu können. Damit es aber gar nicht erst so weit kommt, halten wir sowohl den Hovawart wie auch seine Umgebung so gut es geht im Blick. Und merken rechtzeitig, sobald Sam sich mit einem Mal anders verhält, weil er in der Ferne etwas erblickt oder gewittert hat, das seine ganze Aufmerksamkeit beansprucht. Auf das Rückrufsignal reagiert der Hund immer besser. Aber auch das braucht am Anfang Zeit, Geduld und gegebenenfalls eine unserer neuen Hundepfeifen, sollte das Rufen alleine nicht reichen. Mittlerweile genügt es dem Hovawart, die Rehe mit den weißen Popos in der Ferne nur zu beobachten. Er sitzt dann im Gras, hält die Damen am Waldrand genau im Blick und erspart uns damit jede Menge Aufregung. Wir hoffen sehr, dass das so bleibt und besuchen auch deshalb mit Sam die Hundeschule.

Cujo lässt grüßen. Weitaus unentspannter ist dagegen der stets übel gelaunte Bernhardiner im Seniorenalter, der zwei Bauernhöfe weiter wohnt, unten am Bachtal. Der zottelige alte Riese vor dem Fachwerkhaus sieht uns auf der Bergwiese schon von Weitem nahen und macht sich dann augenblicklich auf den Weg zu uns.

So rumpelt das Schwergewicht schnaufend den Hang hinauf und bellt dabei so furchterregend, dass er seinem Artgenossen aus Stephen Kings Schauerroman alle Ehre machen würde. *Cujo* nennen wir ihn deshalb, und er arbeitet sich weitaus schneller den Berg hinauf als gedacht. Was der Bulldozer mit Fell wohl mit uns anstellen würde, wenn er uns in die Pfoten bekäme? Wir wissen es nicht und geben lieber Fersengeld, bis wir den Miesepeter ohne Fass am Hals wenig später hinter uns gelassen haben.

Ob es ein Zufall ist, dass ich beim täglichen Weg zur Arbeit neulich einem ganz anderen Bernhardiner begegnet bin? Wenn auch nur im Vorbeifahren, als dieser an der Seite seiner Rudelführerin, brav auf den Verkehr achtend, an der Fußgängerampel auf die nächste Grünphase gewartet hat. Ebenfalls nicht mit einem Fass am Hals, dafür aber mit einer prall gefüllten Brötchentüte im Maul.

Gemeinsam unterwegs

Wenn du dir erstmals einen Hund im Welpenalter anschaffst, dann hat das etwas von einer Wanderung durch eine Nebelwand: Du bist bestmöglich darauf vorbereitet und weißt ziemlich genau, dass hinter dem Nebel früher oder später die Sonne scheinen wird. Hier geht es also um die ersten Meter, immer auf Sicht, immer so vorsichtig wie möglich – und stets den Meilensteinen am Wegesrand folgend.

Gut zu wissen: Gleich hinter, neben und auch vor dir sind viele andere Menschen mit ihren Hunden unterwegs, mit denen du im digitalen Zeitalter einfacher denn je Erfahrungen austauschen kannst. Und gerade bei eingeschränkter Sicht zählt neben Ruhe und Gelassenheit nicht zuletzt auch die Bereitschaft, sich eigene Fehler einzugestehen und die Route dann entsprechend zu korrigieren. So jedenfalls ist es uns in den ersten Wochen ergangen, mit Hovawart Sam an unserer Seite: *Er vertraut uns, und wir vertrauen ihm.* Gemeinsam sind wir auf diese Weise bislang gut durch die Nebelbänke gekommen, Schritt für Schritt, und wir freuen uns schon auf das offene Wetter am anderen Ende. Bei Regen und bei Sonnenschein.

Erdarbeiten mit Tiefgang

Dass Hovawart Sam in seiner Eigenschaft als Elvis immer mal wieder für eine Überraschung gut ist, hat sich bereits gezeigt. Dennoch war vor Kurzem das Staunen groß, als der Hund mit einem Mal im wahrsten Sinne des Wortes zu seinen Wurzeln zurückgekehrt ist: Auslöser war ein Mitbringsel aus dem Heimtiermarkt. Nichts Wildes eigentlich, sondern nur ein martialisch anmutender Kau-Snack in Form eines getrockneten Rinderohrs. Was bei vegan veranlagten Zeitgenossen spontan für Schnappatmung sorgt, war für Sam nach dem Auspacken eine feine Sache und Delikatesse: Voller Hingabe hat sich der Hovawart intensiv mit dem Rinderohr in Mumien-Optik befasst und es so zwischen seinen Pfoten fixiert, dass dem Genuss des Ganzen nun nichts mehr im Wege stand, beseelt vor sich hin kauend und schmatzend, bis nur noch ein Drittel des Snacks übrig war. Doch anstatt auch dieses auf dem Rasen liegend zu verputzen, hat Sam sich das Restohr kurzerhand zwischen die Zähne geklemmt, um damit heimlich zu verschwinden. Bis der Hund am Bruchsteinmäuerchen, das die Blumenbeete im Garten einfasst, innehielt, um den Snack zunächst im Gras abzulegen und der Sache dann mal so richtig auf den Grund zu gehen. Was folgte, waren ebenso energische wie tiefschürfende Grabungsarbeiten zwischen Farnstauden und Blumen, bei denen der Hovawart seine Pfoten eingesetzt hat wie Schaufelradbagger in einem Revier für Braunkohle.

Tagebau mal anders: Das Loch im Erdreich war noch nicht ganz ausgehoben, als Sam versuchte, das Rinderohr dort hineinzulegen – allerdings nur mit bescheidenem Erfolg. *Noch nicht tief genug!* Doch anstatt noch einmal weiterzugraben und die Mulde zu vertiefen, hat

Sam das Versteckspiel kurzerhand zur Jungtanne Ulla ein paar Meter weiter verlagert und das Ohr dann ihr zu Füßen deponiert, gleich neben dem Baumstamm und unter Ullas schützendem Dach aus Nadelzweigen. Wann Sam auf den dort versteckten Snack zurückgreifen und weiter an ihm knabbern wird, bleibt allein sein Geheimnis. Hauptsache, wir Menschen bekommen nichts davon mit.

Instinkt ist Instinkt. Sams Vorgänger Tino war in den Achtzigern genau so drauf, sobald es in bester Wolfstradition darum ging, lieb gewonnene Knochen und andere Schätze unter Tage einzulagern und damit vor potenziellen Fresskonkurrenten zu verbergen. Ob der Hovawart dabei an die Hunde aus unserer Nachbarschaft gedacht hat – inklusive *Cujo*? Oder gar an uns Rudelführer? Das wird so schnell nicht zu ermitteln sein. So lebt das überlieferte Wissen seiner Urahnen auf geheimnisvolle Weise im Hovawart des 21. Jahrhunderts weiter – unvergessen. Fragt sich nur, was wohl passiert, sollte Sam unsere Paketboten eines Tages auf gleiche Weise in sein großes Herz schließen und einfach nicht mehr hergeben wollen. Der Garten, in dem der Hund zu Hause ist, wäre zum Verbuddeln jedenfalls groß genug. Aber was machen wir nur mit dem Paketwagen?

Mitnahme-Mentalität am Futternapf

Manchmal muss Sam selbst gar nichts unternehmen, um mit einem Mal zu Elvis zu werden: an Tagen, an denen dem Hovawart die Dinge einfach zuzufliegen scheinen und an denen alles wie am Schnürchen und in seinem Sinne läuft. So kam der Hund neulich in den Genuss einer zweiten Nachmittags-Mahlzeit, nachdem er bereits seine erste verschlungen hatte um 14.15 Uhr – ausgegeben vom Ersatzrudelführer im Home-Office, allerdings ohne einen entsprechenden Post-it-Hinweis auf der Küchenwaage zu hinterlassen.

Als es ab 14.30 Uhr dann in ein längeres Online-Meeting ging und die Rudelführerin wenig später – ohne die sonst übliche Begrüßung mit Hunde-Übergabe an der Haustür – von der Arbeit heimkam und sich schnurstracks nach oben in die Küche begab, servierte sie dem verdutzten Sam seine Ration gleich noch einmal. Der Hovawart nahm natürlich auch diese erfreut und dankbar entgegen.

Selbstverständlich hätte Elvis in diesem Moment auch einfach seine Pfote heben und von seinen telepathischen Fähigkeiten Gebrauch machen können: *Obacht, Mutti! Ich hatte doch schon vorhin mein Mittagessen und brauche kein zweites! Achtung, Achtung: Hier muss es sich um ein Missverständnis handeln! Kläre das bitte mal eben mit dem Mann unten im Arbeitszimmer. Nein, dieses Futter fresse ich beim besten Willen nicht, denn ich möchte mich auch morgen noch guten Gewissens im Spiegelbild meines Wassernapfes betrachten können, ohne darin in Grund und Boden zu versinken. Und nun fort mit dem Napf! Ich bin doch schon satt!*

So weit die Theorie. Die Praxis jedenfalls sah anders aus, ihr ahnt es schon: Einer Büfett-Fräse gleich, wie man sie sonst nur in Ferienhotels und auf Kreuzfahrtschiffen in Aktion erleben kann, widmete sich Hovawart Elvis seiner zweiten Mahlzeit, um auch diese innerhalb von 45 Sekunden zu verschlingen. Und das war noch nicht alles. Zum Nachtisch ließ sich der Hund gleich auch noch ein zweites Stück Gurke servieren, um am Abend dann noch einmal alles auf eine Karte zu setzen – bei seinem Hechtsprung auf die frisch geöffnete Packung mit 20 Käse-Cracker-Stangen. Hier jedoch konnte Elvis gerade noch rechtzeitig und fast schon filmreif ausgebremst werden, um den Fernsehabend mit James Bond in letzter Sekunde zu retten.

No Time to Cry! Solche Episoden sind kaum zu verhindern, sollte auch dein Hund nur halbwegs so strategisch denken wie Hovawart Sam. Nicht auszuschließen, dass unser Hund über einen zweiten Magen verfügt und jede nur denkbare Chance ergreift, um beide Speisekammern zeitgleich zu füllen. Bis dahin stecken wir als Rudel erstmal gemeinsam im Aufzug Richtung Gückseligkeit fest, wobei dieser schon wieder ÜBERLAST! anzeigt. Warum bloß?

Keine Frage: Alleine über das Schauspiel, das sich regelmäßig auf dem Terrain zwischen Futterwaage und Fressnapf abspielt, ließe sich ein ganzes Buch schreiben. *Dürfen es heute bitte ein paar Gramm mehr sein?* Diese Frage versucht Hovawart Sam per Hypnose regelmäßig bei der Rudelführung zu platzieren. Bei der Antwort darauf sind Hund und Mensch naturgemäß geteilter Meinung. Da hilft dann auch der Einsatz von Kulleraugen nicht. Oder das theatralische Seufzen, mit dem sich Sam nach einem NEIN im Zeitlupentempo bühnenreif zu Boden sinken lässt.

Derweil hat sich der Hovawart neulich wie Bolle über das DHL-Päckchen der Züchter aus Süddeutschland gefreut: Bei ihnen ist Sams Papa Dali zu Hause. Dem liebevollen Brief zum Gruß an den Sohnemann im Ruhrgebiet haben sie auch noch ein paar herzhafte Hackfleisch- und Thunfisch-Kekse beigelegt. Apropos DHL: Mit unserer Postbotin ist Sam nun auch per Du, nach einer spontanen Schnupper-Begegnung an der Haustür bei der Übergabe einer Briefsendung. Der Hovawart rechnet jetzt natürlich täglich mit einem weiteren Päckchen von Papa Dali und bellt sofort, sobald er in der Ferne das *Postauto* hört.

He Will Rock You!

Welchen Musikgeschmack Hovawart Sam als *Hound Dog* mit der Zeit entwickeln wird, dürfte sich in den nächsten Monaten zeigen. Sein Züchter Winnie vom Siebenteufelsturm ist jedenfalls Vinyl-Fan mit gut sortiertem Schallplattenkeller, und er mag zum Beispiel Eric Clapton. *Here Comes the Rain Again* von den Eurythmics scheint der Hovawart seit seiner Romanze im Regen ebenso gerne zu hören wie die den Depeche-Mode-Klassiker *Enjoy the Silence*, sobald es mit Königskrone und Hermelinmantel mal wieder hinaus ins Auenland mit Bachtal geht. Wobei der Rudelführer den zum Musik-Video passenden Liegestuhl seiner Majestät gehorsam hinterher tragen muss.

He Will Rock You: Die Klassiker von Queen und AC/DC scheinen ebenfalls Sams Ding zu sein, auch wenn der verliebte Hund, ganz schlagermäßig, schon seit ewiger Zeit *Tür an Tür mit Collie* lebt. *Who Let the Dog Out?*, heißt es dagegen früh am Morgen, wenn es gemeinsam nach draußen geht, um die ersten Geschäfte abzuwickeln. *Every Breath You Take* hat Sam erstmals als Retro-Vinyl-Single gehört und ist seitdem Police-Fan auf vier Pfoten. Ob der Hund bei diesem Song, der ausgerechnet in seinem Geburtsjahr vierzig wurde, hin und wieder an sein Collie-Mädchen denkt? Es wäre ihm zu wünschen. Das Zeug zum Evergreen hat der Hovawart mit Musik im Blut jedenfalls jetzt schon.

I Want a Dog: Und dann wären da last but not least die Pet Shop Boys mit ihrem Achtziger-Hit *Suburbia* – inklusive Hundegebell-Sample im Intro. Das könnte eines Tages dazu beitragen, dass Sam seinen Artgenossen im Song nacheifert und bei dieser Nummer dann ebenfalls losbellt wie ein ganz großer: Bei Sammys Vorgänger Jonas, schon lange in den ewigen Jagdgründen, hat *Suburbia* einst jedenfalls ganz hervorragend funktioniert und vor der Stereoanlage stets den beschriebenen Effekt erzielt. Und was einmal war, kommt bekanntlich manchmal wieder: *Musik ist Wuff!*

Shopping mit Elvis

Hovawart Sam ist mittlerweile sehr entspannt, wenn er mit uns ins Auto steigt – über die Klapprampe am Kofferraum. Vermutlich, weil er weiß, dass es an Bord des Ungetüms aus Blech dann wahlweise zum Hundeplatz oder aber zum Einkaufen geht. Letzteres bevorzugt im Heimtiermarkt in der Nachbarstadt, wo er als treuer Kunde auf vier Pfoten stets willkommen ist und nach der Ankunft hin und wieder ein Leckerchen an der Kasse bekommt. Das Sortiment aus Futter, Snacks und Zubehör ist nichts anderes als ein Paradies in Sammys Augen.

Und wenn das Herrchen nach Feierabend auf dem Heimweg mal alleine einkauft? Dann legt der Mensch die ausgewählten Mitbringsel für den Hovawart mit entsprechender Anmoderation auf das Transportband an der Kasse: *Das hier*, lässt er die Verkäuferin mit feierlicher Stimme wissen, *ist für den besten Hund der Welt.* Worauf die Dame mit dem Waren-Scanner in der Hand kurz innehält, ihre Augenbrauen hochzieht und mit ebenso feierlicher Stimme erwidert: *Da muss ich Sie leider enttäuschen, junger Mann,* sagt sie dann. *Der beste Hund der Welt lebt schon bei mir.*

He's a Kind of Magic!

Und wenn du nach Feierabend nach 60 Minuten Straßen- und Schlaglochkampf endlich zu Hause ankommst, dein Auto (das mit den Hundenasen-Bildern auf der Heckscheibe innen) müde in die Garage rollen und spätestens in diesem Moment alles hinter dir lässt, was vom Geldverdienen übrig ist? Dann gibt es nichts Erhebenderes, als Hovawart Sam am oberen Ende der Treppe im Hausflur nach allen Regeln der Kunst ausflippen zu sehen. So bewegt er sich ungelenk hin und her und bemüht sich redlich, dabei in der Balance zu bleiben. Der Hund lässt sich jaulend über den Kopf streicheln, entwickelt dabei die Statik eines zu groß geratenen Wackelpuddings, der mit einem Mal seufzend zu Boden sinkt und dort sofort in die strategische Rückenlage geht, um sich den Fellbauch kraulen zu lassen mit angewinkelten Läufen.

Bei dieser allabendlichen Choreografie musst du schon sehr genau darauf achten, bei der Begrüßung nach wie vor die bewährte Reihenfolge einzuhalten und bloß nicht die Rudelführerin zu vergessen. Und Hovawart Sam? Der ist immer noch außer sich, scheint sein Hundeglück nach stundenlanger Trennung kaum zu fassen und macht dabei dem Duracell-Hasen aus Kindertagen alle Ehre. Spätestens jetzt ist die anstrengende und eine Zombie-Apokalypse vorwegnehmende Heimfahrt durch den Feierabendverkehr vergessen. Hovawart Sam braucht jetzt alles an Aufmerksamkeit, was zu dieser Stunde noch verfügbar ist.

Vor dem Zubettgehen beobachtet der Hund wenig später, wie die Elektrozahnbürste Elvira bei Herrchens Zahnreinigung im Bad vor sich hin brummend zum Einsatz kommt. 20 Minuten später schnarcht Sam gleich neben dem Menschenbett dann den Schlaf der Gerechten und träumt von einem zwei Meter langen Kauknochen, der eines Morgens vom Himmel fällt und im Garten dann stundenlang verputzt wird. Der Hovawart freut sich außerdem sehr, dass er selbst niemals Auto fahren muss. Ihm reicht sein Quadratmeterchen im Kofferraum und die Rampe zum Ausklappen auf dem Weg dorthin. *On the Road Again:* Bald schon sind wir wieder gemeinsam unterwegs. Und *Im Wagen vor uns fährt ein Collie-Mädchen.*

Nachtrag

Heute hat Elvis versucht, die Notizen für dieses Buch hier zu fressen. Darüber hinaus stehen unsere Hausschuhe nachts nicht länger *neben* sondern *auf* der Wäschetonne. *Und das aus gutem Grund, Hund.* Hin und wieder brummt der Hovawart missmutig im Schlaf, wenn ihm der Fernseher nebenan zu laut ist. Es sei denn, es läuft gerade eine Tier-Doku. Neulich hat er sich eine Sendung mit Eisbären vom Sofa aus angeschaut und sie aus sicherer Entfernung gleich drei Mal angebellt. Als einer der arktischen Kraftprotze von seiner Eisscholle aus nach links aus dem Fernsehbild gesprungen ist, hat es Sam nicht länger auf dem Sofa gehalten, um das große Tier zu verfolgen. Sekunden später blieb der Hovawart ratlos vor dem Bücherregal gleich neben der Glotze stehen, um nun Fach für Fach nach dem verschwundenen Eisbären abzusuchen. Ohne Erfolg.

Hovawart auf der Wies'n

Auf den folgenden Seiten geht es nicht um das Oktoberfest in München, sondern um die Heuwiese gleich hinter dem Gartentor. Sie ist purer Luxus am Morgen, wenn es zum ersten Mal nach draußen geht mit Fernblick ins Hügelland. Nach anfänglicher Skepsis hat Hovawart Sam auch diesen Landstrich in sein Herz geschlossen. Der Alpaka-Familie am anderen Ende der Wiese nähert sich der Hund dennoch mit großem Respekt, während die fünf sympathischen Lockenköpfe mit Knopfaugen vergnügt jauchzen, sobald sie ihren Zaungast auf vier Pfoten erblicken und mit samtweicher Choreografie im Wellengang herangetrabt kommen.

Wen so was nach der Arbeit nicht entschleunigt und mit der Welt da draußen versöhnt, dem ist nicht mehr zu helfen: Die Tiere unter sich strahlen eine unglaubliche Gelassenheit und Ruhe aus, die uns Menschen im beschleunigten Alltag oftmals abhandengekommen sind. Du fühlst dich abends ausgepowert und erschöpft? Ein Hundeblick genügt, und du hast das alles vergessen. Und lässt es allerspätestens hinter dir, sobald du dir Sams Halsband und die Leine schnappst auf dem Weg an die frische Luft.

Die Wiese selbst hat aus Hovawart-Sicht verschiedene Gesichter: Steht das Gras hoch, springt der Hund wie ein Reh voran und hindurch – ganz so, als wäre am Strand der Kamm einer hohen Welle zu überwinden, und seine Ohren fliegen dabei im Takt. Und nur Hunde können nach einer Bauchlandung im Heu ihre Augen um 360 Grad drehen, während sie sich fragen, was da wohl gerade falsch gelaufen ist im wahrsten Sinne des Wortes. Sobald die Wiese frisch gemäht ist, zeigt Hovawart Sam dagegen seine Qualitäten als Sprinter, beim Heuwenden, wenn er wilde Haken schlägt. Von null auf hundert in drei Sekunden.

Gefühlt scheint das für den Hund kein Problem zu sein, während er zwischendurch immer mal wieder an gekappten Halmen schnuppert und deren Aroma genießt. Wir sagten es ja schon: *Unser Hund liebt Gras.* Und dann geht es im Sprint-Tempo weiter – wie bei einer Verfolgungsjagd in den *Straßen von San Francisco.* Die Landkatzen und Bussarde, die sonst hier draußen auf Mäusejagd sind, haben sich vorsorglich verdrückt und kehren erst dann zurück, wenn Sams Abendrunde beendet und das Gartentor wieder geschlossen ist.

Bis dahin kannst du gemeinsam mit deinem Hund auf der Wiese chillen, runterkommen und dir auch dort vor Augen halten, dass dein Freund auf vier Pfoten loyal ist. Und selbst dann treu zu dir steht, wenn es mal nicht rund läuft im Leben und du einfach nicht so kannst, wie du eigentlich willst und es andere von dir erwarten. Sam zahlt bei jeder Hunderunde alles an Geduld und Ausdauer zurück, was du zuvor investiert hast. Auch das hat der Hovawart als beschleunigter Entschleuniger, selbst bei Tempo 100 auf der Wiese, vielen Menschen da draußen voraus.

Sobald das Heu auf der Wiese gepresst ist, nähert sich Sam den monströsen Rundballen unter schneeweißer Folie so respektvoll, wie er das sonst nur bei den Alpakas weiter oben macht. Was für ein Kontrast: In der Nacht zuvor hat der jetzt so zerbrechlich wirkende Hund noch geschnarcht wie eine Bulldogge mit einem gefühlten Gesamtgewicht von 250 Kilogramm. Und das in Erinnerung an den putzigen kleinen Hovawart im Welpenparadies, der einst nur leise geseufzt hat, wenn ihn seine Hundegeschwister beim Spielen und Toben mal wieder umgeworfen haben. Es ihnen mit gleicher Münze zurückzuzahlen, ist Sam alias Feivel schon damals nicht in den Sinn gekommen. Und so verhält es sich auch heute noch, wenn Elvis beim Herumtollen erneut umgeworfen wird, diesmal von den

Hunden aus der Nachbarschaft. Wobei das Collie-Mädchen von nebenan übrigens keine Ausnahme macht – Romanze hin, Romanze her. Für den Hovawart heißt es dann nur: *Aufstehen, Fell und Ohren richten und gleich weiter im Takt!* So steht die Heuwiese gleich hinter dem Gartenzaun nicht zuletzt auch für Entspannung in aufgeregten Zeiten. Die ersten Wochen mit Hovawart sind dennoch wie im Flug vergangen – und die Zeit ist reif für den ersten gemeinsamen Urlaub.

Immer Meer

Egmond aan Zee in Holland, an einem Abend Ende Oktober. Der Wind peitscht über die aufgewühlte Nordsee, und die meisten Möwen sind tagsüber vorsichtshalber in ihren Hangars geblieben, während der Sturm hier draußen unermüdlich Regen, Gischt und Sand vor sich hertreibt. Und mittendrin, kurz nach der Ankunft im Küstenstädtchen, Hovawart Sam und seine beiden Menschen – letztere dick eingepackt unter Jacken, Mützen und Kapuzen. Der Hund stemmt sich tapfer gegen die Böen. Bald schon wird er sich im letzten Licht des Tages unten am Strand mit anderen Hunden die ersten spektakulären Wettrennen und wilden Verfolgungsjagden im Sand hier draußen liefern. Während salzige Schaumwolken im *Top-Gun*-Stil an ihnen vorbeisausen und sich schlingernd überschlagen, bevor sie weiter oben in die Dünen crashen und das Zeitliche segnen. Innerhalb von Sekunden wird Sam am Meer zu Elvis und gibt mit fliegenden Ohren als fliegender Holländer auf Zeit Vollgas – wo immer es sich anbietet.

Der Strand ist weit und der Horizont fern. Im Gegensatz zu den Quallen, die das Meer angespült hat und die nun im nassen Sand liegen wie große Portionen Götterspeise. Sam beschnüffelt die trägen Meeresbewohner nur kurz und widmet sich dann voll und ganz der alten Krähe, die ein paar Meter weiter am Strand gelandet ist, müde krächzt und nur darauf zu warten scheint, dass der Hund sie zu fangen versucht. Bis auf zwei Meter lässt der schlaue Vogel den Hovawart herankommen, um dann mit vier oder fünf kräftigen Flügelschlägen abzuheben und sich himmelwärts in die Höhe zu schrauben. Wie ein in die Jahre gekommener Frachtflieger und nun unerreichbar für seinen Verfolger. Die Krähe setzt wenig später gut zehn Meter entfernt abermals zur Landung an, und das Schauspiel wiederholt sich noch einmal. Bis der Hovawart nach dem dritten Durchgang einsehen muss, dass er dem Vogel da vorne wohl niemals das Meerwasser reichen wird.

Stattdessen nähern sich nun andere Hunde und zeigen dem Neuling am Meer (kurz NAM), wie schnell es sich durch den Sand spurten lässt, wenn man es nur richtig anstellt und die Windböen als Booster zu nutzen weiß. Derweil treffen die Rudelführer auf andere Menschen und üben sich beim Blick auf ihre Hunde außer Rand und Band im Smalltalk. Einig sind sich hier draußen fast alle – ganz gleich, ob sie mit einem Pudel oder mit einem Neufundländer unterwegs sind, mit einem Hovawart ebenso wie mit einem Cocker Spaniel: Sobald sie das Meer erblicken, versuchen die meisten Hunde, die Naturgesetze hinter sich zu lassen. Da gibt es entspannte Langläufer auf vier Pfoten. Wie auch erfahrene Schwimmer, die ihren Menschen mit nassem Fell in die Wellen folgen. Schüchterne Spaziergänger kreuzen unseren Weg gleichermaßen wie durchtrainierte Fell-Torpedos, die auf kurzen Beinen präzise Haken schlagen. Und denen es überhaupt nichts ausmacht, verwaiste Sandburgen frontal zu rammen wie Normannen mit Fell, während in den Wassergräben der Festungen weitere Nordsee-Quallen ratlos hin und her treiben. Hier draußen, *in Action*, schließen Hunde unter sich besonders schnell Freundschaft, wenn auch nur für den Moment.

Stundenlang könnte das so weitergehen, bevor es über die Strandpromenade zurück ins Ferienhaus geht. Dort fällt Hovawart Sam auf seiner Reisedecke spontan in einen tiefen Nordseeschlaf und träumt schnarchend davon, die schlaue Krähe im Sand jetzt doch noch zu fangen. Bis dahin sägt der Hund mit dem heulenden Küstenwind auf der anderen Seite des Fensters um die Wette – die Augen geschlossen. Bis draußen ein Urlauber in Ölzeug über den knirschenden Kiesweg läuft, der Hovawart aufwacht, exakt zwei Mal bellt und damit nun auch im Urlaub seinen Wachdienst antritt. Um sich im nächsten Moment verschlafen zu fragen, wer da gerade ein *Wuff!* von sich gegeben hat. Und dann schläft er einfach weiter.

Keine Frage: Ein Urlaub mit Hund ist wie ein Urlaub mit Kind. Nur dass das Gepäck ein anderes ist und mit Blick auf den Neuling am Meer nicht minder umsichtig zusammengestellt werden muss, bevor es auf die erste gemeinsame Reise in das haustierfreundliche Feriendomizil geht. Und dann steht ebenso spannenden wie erlebnisreichen Strandrunden nichts mehr im Wege, fokussiert und offline, gerade auch bei der Premiere, weil der Hund außer Rand und Band jede Menge Aufmerksamkeit verlangt.

Irgendwann hat auch Sam beim Erledigen geschäftlicher Dinge im Sturmwind am Meer gelernt, erstens auf den Wellengang gleich hinter sich zu achten und zweitens die Richtung der Böen so einzuschätzen, dass man nicht gleich umfällt und einen nassen Hintern bekommt, sobald man sich hinhockt und dem Orkan beim Abwurf von Ballast zusätzliche Angriffsfläche bietet. Währenddessen nähern sich die Rudelführer mit Transportbeuteln aus raschelndem Kunststoff, damit auch hier draußen am Strand niemand in die Falle tappt. Das Motto bleibt auch hier Programm: *Ganz entspannt in Nordholland!*

Wenn alles rundläuft, werden wir hier draußen noch viele Strandausflüge erleben und gemeinsam mit dem Hovawart den Wellen bei der Arbeit zuschauen, wie es Generationen vor uns auch schon getan haben. Sam wird dabei Sand in großen Mengen schaufeln und hinter sich durch die Luft fliegen lassen, während er nach

Strandgut sucht. Ob er eines Tages wohl ein Stück Bernstein findet, es ausbuddelt und seinem Collie-Mädchen daheim mit nach Hause bringt – vom Urlaub am Meer?

Hofwache & Nordic-Talking

Um (wieder) daheim seinen Job als Hofwächter zu machen, setzt Hovawart Sam sich bevorzugt auf die kleine Anhöhe im Garten, gleich hinter dem Vogelhäuschen. Von hier aus nimmt er alles in den Blick – vom Gartentor bis zur Terrasse. Über das Rasenfeld wacht er ebenso wie über die steinerne Wassertränke für durchrei-

sende Amseln, Spatzen, Meisen, Krähen und Schwarzdrosseln, darunter natürlich auch Sammys gefiederte Bekannte Astrid. Da sitzt der Hovawart also, aufrecht und aufmerksam. Er trägt mit Stolz sein Fell, in das er nach und nach reinwachsen wird und in dem der Wind zwischen seinen Ohren gerne mal spielt.

Hin und wieder dreht der Hund den Kopf, sobald er ein Geräusch vernimmt, das nicht zur Kulisse hier

passt. Für das Auto unseres Zeitungsboten früh am Morgen gilt das ebenso wie am späten Nachmittag für die drei freundlichen Herrschaften Anfang siebzig, die sich in atmungsaktiver Funktionskleidung und mit insgesamt sechs klackernden Nordic-Talking-Stöcken in ihren Händen auf dem Wanderweg nebenan bewegen. Manchmal bellt der Hovawart auch mal so, sobald ihm etwas suspekt ist. Oder eine Landkatze ausgerechnet über seine Wiese hinter dem Garten läuft, um Mäuse oder verirrte Spaziergänger zu fangen. Oder wenn Sam im Licht der Taschenlampe spät am Abend mal wieder seinen eigenen Schatten verfolgt.

Vormittags, im Home-Office, bellt der Hovawart als Mädchenschwarm bei der Arbeit gelegentlich auch, sobald er Stimmen in der Schaltkonferenz vernimmt, die er noch nicht kennt und zuordnen kann. Wenn wir beim Spazierengehen in der Mittagspause in der Nachbarschaft am mächtigen Bausandhaufen vorbeilaufen, der mit einer olivgrünen Zeltplane und Steinen darauf abgedeckt ist, wird Sam dagegen zum Hasenfuß, sobald eine Windböe zupackt und das unbefestigte Stück Plane umher flattern lässt wie eine Fahne. Der Hovawart springt dann sofort zur Seite und ist überzeugt davon, dass er gerade angegriffen wird. Von einem wilden Tier, das platt wie eine Flunder ist und rostige Augen hat, die sich erst auf den zweiten Blick als verwitterte Ösen für Spannseile erweisen.

Bei der Hofwache draußen nimmt Sam gerne auch auf der Terrasse Platz, vorzugsweise nach der ersten Morgenrunde, um in kerzengerader Haltung die Lage unter freiem Himmel zu checken. Der Hund mag es, wenn es draußen windig ist und die Böen um seinen Kopf brausen. Er scheint dann nicht nur aufmerksam zu lauschen und zu schnuppern: Er hört dem Wind bei der Hofwache regelrecht zu. Ist es dagegen windstill, lauscht er vor Sonnenaufgang der Eule und dem ersten Zwitschern der Waldvögel jenseits der Weidezäune. Der durchgeknallte Hahn in der Nachbarschaft kräht sich erst um kurz nach sieben heiser. Gleich nebenan, auf einem alten

Zaunpfahl, hockt derweil ein Waldkauz und beobachtet den Hund aus sicherer Entfernung. *Bleiben oder davonfliegen? Das ist hier die Frage.* Dem verschwiegenen Nachtvogel werden wir bald noch einmal begegnen.

Halloween-Hund trifft die Shining-Zwillinge

Draußen regiert mal wieder ein Spätsommergewitter mit Blitz und mit Donner. Und drinnen? Da hebt der Hund nach stundenlangem Dösen den Kopf, ganz langsam, schaut dich vom Sofa aus an und gibt dir mit jedem seiner Blicke zu verstehen, dass nach wie vor alles in Ordnung ist. Und dass uns der Regen draußen egal sein kann, denn wir sind ja drinnen. Und mehr ist dazu nicht zu sagen: Egal, was auch passiert – du hast nun einen treuen Begleiter an deiner Seite. Er würde sich mit dir ohne zu murren alle *Akte-X*-Staffeln in einem Rutsch anschauen. Vorausgesetzt, er bekommt zwischendurch genug Futter, Zuwendung und Auslauf. Was ja auch wir Menschen mögen.

Der Hovawart mit zig PS wird eines Tages wieder mit euch am Strand spazieren gehen und irgendwann auch in den Bergen an eurer Seite unterwegs sein, wenn ihr das wollt. Im ersten Schnee des Jahres wird er bald schon eine seiner spektakulären Bauchlandungen hinlegen, nachdem er sich, wie nur Elvis das zu tun vermag, zwei oder drei oder vier Mal um die eigene Achse gedreht hat. Weil der Hund nach wie vor davon überzeugt ist, dass Naturgesetze für ihn allenfalls nur eine Empfehlung sind. Alles zu seiner Zeit: Sam kommt weiterhin gut bei uns an, im wahrsten Sinne des Wortes, und das alleine zählt.

Jetzt geht es für den Hovawart erst einmal ganz geschmeidig durch den Spätsommer. Und von da aus in den Herbst mit Blätterbergen und Kürbisköpfen vor der Haustür. Und spätestens, wenn Michael

Myers, Freddy Krueger, die Hexe von Blair, Pennywise, die Shining-Zwillinge und von mir aus auch noch Captain Blake mit seiner Schiffsmannschaft am 31. Oktober bei uns untot durch den Garten wanken, sollte unser Hofwächter nach Gruselfilm-Standards mustergültig bellen können.

Zuvor darf der Halloween-Hund auf der Couch im Wohnzimmer gerne das ihm zustehende Drittel der Sitzfläche für sich beanspruchen. Vorausgesetzt, er sieht davon ab, durch unauffälliges Verlagern seines Körpers nach und nach auch noch das zweite und dritte Drittel des Sofas einzunehmen. Mit unschuldigem Blick und lautem Schwanzklopfen, das die Polster unter ihm kurzerhand zur Trommel macht. *Auf die richtige Akustik kommt es an.* Und das auch früh am Morgen, sobald sich der Hund von seinem Nachtlager erhebt und erst einmal nach allen Regeln der Kunst durchschüttelt, um gleich danach laut gähnend um das Bett seiner Lieblingsmenschen herumzutapsen, weil Monsieur nun unbedingt nach draußen möchte.

Wie erhebend ist es da, wenig später nebeneinander auf dem Rasen Platz zu nehmen. Und gemeinsam vom Gartenzaun aus den Zeitungsboten zu beobachten, sobald dieser um kurz nach sechs angefahren kommt, im Scheinwerferlicht seinem Auto entsteigt und die druckfrische *WAZ*-Ausgabe in die Röhre gleich unter dem Briefkasten schiebt. Ohne zu ahnen, dass Hovawart Sam ihm aus der Dunkelheit heraus zwischen Büschen und Bäumen aufmerksam zuschaut. *Bellen oder nicht bellen? Das bleibt hier die Frage.*

Sie stellt sich dem Hund auch, wenn er nicht minder früh am Morgen den bulligen Müllwagen nahen sieht, mit grellen Blinklichtern und starkem Motor, der wie ein asthmatisches Ungeheuer schnauft, während sich der Lastwagen von Hofeinfahrt zu Hofeinfahrt schleppt und dabei Tonne für Tonne leert. Sam verfolgt auch dieses Schauspiel höchst wachsam und schaut, aufrecht im

Gras sitzend, pünktlich um 6.51 Uhr auch dem Linienbus hinterher, der eine Schicksalsgemeinschaft hundemüder Kinder aus der Gegend hier fortbringt, damit sie eine halbe Stunde später in der Schule für das Leben lernen. Einst stand der Rudelführer selbst da unten an der Bushaltestelle, als kleiner Junge, mit dem zentnerschweren *DIERCKE-WELTATLAS* für die vierte Stunde und einem *Krieg der Sterne*-Comic für die große Pause im Tornister. Aber das ist schon lange her und eine andere Geschichte.

Richtig schick mit Hundeblick

Manchmal fragt man sich, nach den ersten Wochen und Monaten mit Hovawart Sam im Rudel, was der Hund wohl denken mag, wenn er uns Menschen im Alltag beobachtet. Etwa dabei, wenn wir uns mal eben ein zweites Fell mit Rollkragen oder Reißverschluss überstreifen, bevor es nach draußen geht – nur damit wir nicht frieren oder nass werden. Das gilt auch für die robusten Überzieher für unsere Pfoten, die sich mit langen Bändern zuschnüren lassen. Und an denen sich ganz wunderbar knabbern lässt, sobald der Rudelführer gerade mal nicht aufpasst und seine Wanderschuhe mit Stollenprofil unbeaufsichtigt neben all die anderen Treter gestellt hat, damit sie trocknen.

Und was denkt Hovawart Sam wohl beim Hundeblick durch die Rückscheibe des Kofferraums, wenn er all die rollenden Behausungen beobachtet, die im Stau hinter uns stehen und aus denen ihm wildfremde Menschen hin und wieder zuwinken? Was geht in Sam alias Elvis vor, wenn er unverhofft das Collie-Mädchen aus der Nachbarschaft auf der anderen Gartentorseite erblickt und nicht zu ihr laufen kann? Hört er dann vielleicht *Against All Odds* von Phil Collins oder rezitiert die Balkon-Szene aus Shakespears *Romeo und Julia*? Wir wissen es nicht und können nur mutmaßen. Und dem Hund die Welt da draußen so erklären, wie wir sie sehen.

Bis heute stellen wir uns die Frage, warum Sam alias Elvis kurz vor dem Aufstehen Morgen für Morgen alles daran setzt, irgendwie dann doch noch an das abgestreifte Haargummi auf dem Nachttisch zu gelangen, um es an einem Stück zu verschlingen. Dabei macht der Hovawart die Rechnung allerdings ohne die Rudelführerin, die den elastischen Assistenten gerade noch rechtzeitig in der Schublade verschwinden lässt. Gemeint ist natürlich das Haargummi und nicht unser Hund. Der wäre inzwischen auch viel zu groß.

Neulich hat Sam zum ersten Mal richtig Beute gemacht. In der Küche, in einem unbeobachteten Moment, als im Radio gleich neben der Kaffeemaschine gerade die Morgennachrichten auf *WDR 5* laufen und vier frisch zubereitete Scheiben Toastbrot (zwei mit Marmelade, zwei mit Räucherschinken) für das bervorstehende Frühstück startklar bereitstehen. Im äußerst schmalen Zeitfenster, in dessen Rahmen Sams Herrchen nochmal eben ins Schlafzimmer geht, um den Wecker auszuschalten, macht der Hovawart nebenan Nägel mit Köpfen und entscheidet sich kurzerpfote für eines der vier Toastbrote. Mit Schinken. Bei Herrchens Rückkehr in die Küche sitzt der Hund dann wieder artig vor dem Tisch, wedelt unschuldig mit dem Schwanz, betrachtet versonnen die drei übrig gebliebenen Toastscheiben und hofft, dass niemand etwas merkt. *Finde den Fehler! Mathematik kann ja so einfach sein.* Appetit hat der Hovawart natürlich trotzdem noch. *Wie wäre es mit Marmelade?*

Sam alias Elvis weiß mittlerweile sehr genau, welche Knöpfe er gleich nach dem Frühstück mit seiner rechten Pfote drücken muss, um dann doch noch den letzten Zentimeter Mettwurst feierlich aus den Händen seiner Menschen zu erhalten – aus Mitgefühl und dem Umstand Rechnung tragend, dass dir wohl kein anderer Hund auf diesem Planeten auf eine dermaßen liebevolle Art auf den Zeiger gehen kann, bis du ihn endlich erhörst.

Was ist bloß mit Bibo los?

Und dann herrscht beim Spaziergang auf der Heuwiese gleich hinter dem Gartentor – mittlerweile ist es mit einem Warnschild inklusive Tatzenabdruck versehen – auf einmal Ausnahmezustand: Sam alias Elvis hat soeben diverse herrenlose Federn aufgespürt und aufgelesen, die überall im Gras verstreut liegen. Der Hovawart hat augenscheinlich vor, eine nach der anderen zunächst zu zerkauen und dann am Stück zu verschlingen. Nur mit Mühe und Not lassen sich die Beutestücke nacheinander zwischen den Hovawart-Zahnreihen hervorziehen und dem Hund entnehmen. Während Sam selbst einmal mehr mit dem Schwanz wedelt und ihn dann schließlich wie eine Kurbel dreht – wie einst bei Loriot. Dabei wird dem Rock & Roller irgendwann klar, dass auch diese Rechnung nicht aufgehen wird und Elvis schließlich auch die letzte Feder schweren Herzens herausrücken muss.

Was wiederum die Frage aufwirft, was hier draußen eigentlich geschehen ist. Auf den ersten Blick sieht es bei den vielen, vielen Federn so aus, als habe sich der Fuchs aus der Nachbarschaft nicht nur eine Gans oder eine Ente geschnappt und einverleibt, sondern Bibo aus der *Sesamstraße* höchstpersönlich. Dabei war der große Vogel mit langem Schnabel im Kinderfernsehen doch immer so nett und so aufmerksam! Bibos Schicksal ist Sam dennoch schnuppe. Er sucht zwischen Grashalmen und Maulwurfhügeln längst nach den nächsten Federn, mit denen sich einer seiner beiden Mägen innerhalb weniger Minuten zu einem Daunenkissen mit Fell machen ließe. *Bibo hin, Bibo her.*

In Momenten wie diesen wird klar: Wenn es darauf ankommt, stimmt die Rangordnung, und der Hund ist folgsam, selbst wenn er anderer Meinung ist und Feder für Feder nur störrisch wieder rausrückt. Vielleicht war das auch gar kein Fuchs, sondern der schlaue kleine Raubvogel, der hin und wieder in den Baumkronen im Obsthof Platz nimmt, von oben aus das Terrain sondiert, um dann im Sturzflug pfeilschnell Beute zu machen. Wobei der Sperber mit Bibo aus der *Sesamstraße* sicherlich seine liebe Not gehabt und beim Rupfen des lustigen Fernsehstars aus den Siebzigern selbst reichlich Federn gelassen hätte.

Bates' Motel: Wort unter der Dusche!

Nachdem Hovawart Sam in seiner Eigenschaft als Elvis bei gleich mehreren Hunderunden auf der Wiese in die stabile Rückenlage gegangen ist, um sich aus unergründlichen Motiven mit wohligem Seufzen durch das Gras zu wälzen, verbreitet sein Fell schon seit Tagen ein entsprechendes Aroma. Da hilft irgendwann dann nur noch ein gemeinsamer Termin im Duschbad. Und sobald das lauwarme Wasser aus dem Kopf der Handbrause strömt und das Spezial-Shampoo für Hunde griffbereit auf dem Boden steht, kann es losgehen. So der Plan.

Schnell wird allerdings klar, dass dieses Schauspiel hier seiner eigenen Choreografie folgt. Und mit der hätte selbst Norman Bates auf der anderen Seite des Duschvorhangs seine liebe Not. *Mutter? Bist du das?* Schnell ist allen Beteiligten klar: Shampoo und Handtücher alleine werden nicht reichen. Was bei dieser Premiere hier vonnöten ist? Da wäre zum einen jede Menge Geduld, denn sein durchnässtes Fell ist Sam nicht ganz geheuer. An eine Grundreinigung dieser Art muss sich der Hund erst mal gewöhnen, während die Rudelführung im Teamplay und barfuß alles gibt, das hier bloß nicht weiter eskalieren zu lassen und gleich das ganze Bad zu fluten. Fünf Minuten später: Das Bad ist geflutet, alle Akteure sind so nass wie nach einem Sturm an der Nordsee – und der Einsatz von Sandsäcken gleich hinter der Duschabtrennung wäre höchst sinnvoll. So werden die Aufwischarbeiten selbst im Flur nebenan mindestens drei Mal so viel Zeit beanspruchen wie das Duschbad selbst.

Währenddessen beobachtet der frisch frottierte und bald wieder trockene Hovawart das Drama aus sicherer Entfernung. Unter all den Handtüchern sieht er zuweilen aus wie der Ermittler in einem Kloster-Thriller: *Gestatten? Elvis von Baskerville!* Ein Mönch auf Pfoten, der irgendann auch noch in einem hübschen Bademantel für Hunde steckt – mit Ausgängen für seinen Kopf und seine vier Beine. So ist der Cast für *Der Name der Rose reloaded* so gut wie komplett. Stoßgebete gen Himmel hat es bis hierhin genug gegeben. Und Norman Bates? Nach dem Debakel weiter vorne zieht er weiter hinten den Duschvorhang seufzend an Ort und Stelle zurück und schweren Herzens wieder von dannen: Sams erste Begegnung mit der Handbrause war mindestens so spannend wie ein Hitchcock-Thriller. Und wie gut, dass es auch Trocken-Shampoo für Hunde gibt.

Der mit dem Pantoffel tanzt

Und auch das ist eine dieser Momentaufnahmen, die das Leben mit Hund zu einem Ereignis machen: Ihr sitzt daheim am Küchentisch, trinkt den ersten Kaffee des Tages – und mit einem Mal hebt Hovawart Sam gleich neben euch den Zottelkopf. Er schaut euch mit seinen Mandelaugen fragend an, während er am Heck mal wieder den Schwanz kreisen lässt wie ein mit Fell überzogenes Windrad im Zeitlupentempo. Im Maul hält der Hund derweil den rechten Pantoffel seines Herrchens im Zangengriff und lässt dessen Sohle ganz sachte abwärts kippen, dem Gesetz der Schwerkraft folgend, ohne den Hausschuh selbst loszulassen. So steht der Hovawart wie angewurzelt da, einfach so, und erwartet augenscheinlich eine angemessene Belohnung für das Kunststück zwischen Kaffeetassen, Rührlöffeln und Vollmilch. Als das Lob der Menschen bei der fast schon feierlichen Rückgabe des Pantoffels Form annimmt (zunächst mit einem Schmunzeln und dann mit einer schlichten Frage in vertrauter Tonlage: *Möchtest du ein Öhrchen?*), fällt der Pantoffel sofort zu Boden und ist vergessen, als es gemeinsam nach nebenan zur Futterbox geht, in der schon eines der Knabberdinger bereit liegt. Als Dankeschön auch für diesen charmanten Moment.

Mittlerweile trägt der Hund wahlweise den linken oder rechten Pantoffel seelenruhig von Zimmer zu Zimmer, um sich mit großen Augen eine kleine Belohnung für den Bring-Service zu sichern – auch wenn dieser gar nicht bestellt war. Neulich hat Hovawart Sam zudem versucht, den Schlüssel der Schlafzimmertür ein Stück weit von außen zu drehen, um seiner Rudelführung beim Hausputz auf die andere Seite zu folgen. Gereicht hat es zumindest für ein neugieriges Schnuppern am Schlüsselloch, um sich im Flur dann sofort rücklings auf das Kuschel-Ufo zu legen für eine spontane Fellkraul-Einheit, als die freudig erwarteten Menschen endlich wieder zur Tür herauskommen, um den Hund gebührend zu grüßen.

Mutter oder Futter? Das ist hier die Frage, morgens um kurz nach sieben, wenn der Hovawart mit einem Mal die Wahl hat zwischen 160 Gramm Futter in seinem Napf oder der rituellen Begrüßung seiner Mama auf zwei Beinen, die auch noch im selben Moment aus dem Schlafzimmer kommt und sich schon sehr auf den Hund freut. Wie Sam sich letzten Endes entschieden hat, bleibt hier (s)ein Geheimnis. Denn jetzt ist erstmal Zeit für jede Menge Hundeliebe – im Rückblick auf die ersten Wochen und Monate mit Hovawart.

Hundeliebe ist ...,
... wenn du an einem eisigen Sonntagmorgen um acht Uhr früh mit Sam vor die Tür gehst und im Garten dabei zuschaust, wie der Hund vergeblich versucht, aus einem zugefrorenen Blumentopf Wasser zu schlürfen. Und du die Eisfläche dann kurzerhand mit einem Stock durchlöcherst, damit der Hovawart seinen Durst doch noch stillen kann, mit dankbarem Hundeblick. Während gleich nebenan der chronisch erfolglose Specht von Buche Nummer vier immer noch ein Wohnloch in den Stamm zu klopfen versucht, wie er das nun schon im dritten Jahr in Folge vorhat. Immer an dersel-

ben Stelle und immer ohne vorzeigbares Ergebnis. Wenn das so weitergeht, wird der Vogel mit seinem Specht-Mädchen in diesem Jahrzehnt bestimmt nicht mehr hier einziehen können.

Hundeliebe ist ...,
... wenn du das alles hier bei Temperaturen knapp über dem Gefrierpunkt auf der Terrasse sitzend zu Papier bringst, während sich der Hund gleich nebenan fragt, warum der Blumentopf mit dem Wasser darin um Himmels Willen schon wieder zugefroren ist. Und der Specht nebenan immer noch wie von Sinnen klopft.

Hundeliebe ist ...,
... wenn du auch am dritten Morgen in Folge um 5.15 Uhr aus den Federn musst, weil Sam in aller Frühe wieder mal seine dollen fünf Minuten hat, sich dabei wie ein Teenager auf Ecstasy benimmt, rast- und ruhelos durch das Haus streift und dabei hechelt, als gäbe es kein Morgen. Damit du am Nachmittag beim Tierarzt erfährst, dass du jetzt tapfer sein musst, als man dir mit einem Augenzwinkern Neuigkeiten offenbart: *Ihr Hund,* sagt der Medizinmann fast schon feierlich, schmunzelt dann und kombiniert das gleich noch mit einem herzlichen Glückwunsch, *ist jetzt in der Pubertät.* Na prima, sagen sich die Rudelführer, die das alles schon geahnt haben. So werden die nächsten Wochen und Monate dann wohl diesen Albumtitel frei nach Billy Idol tragen: *Rebel Bell!*

Hundeliebe ist ...,
... wenn du Elvis seinen allerersten Butterbrot-Raub vom Teller auf dem Küchentisch verzeihst und die frisch gefertigten Schnitten fortan nach ganz oben auf die Kaffeemaschine stellst, damit sich der Hovawart nicht mehr ein spontanes zweites Frühstück inklusive Extrawurst verschaffen kann. Eine Stunde später läuft Sam draußen dann bellend zum Gartenzaun, um einem Jogger zu verdeutlichen, dass er vorhin sehr gut gefressen und deshalb mindestens so kräftig wie sein Kumpel *Cujo* aus dem Auenbachtal ist. Dabei verheimlicht

der Hund geflissentlich, dass er eigentlich keinem Menschen etwas zuleide tun kann, weil er sie alle gern hat. Meistens zumindest.

Hundeliebe ist ...,
... wenn dir klar wird, dass dein Hovawart auf Küchen- und Kosmetiktücher steht und selbst in deiner Schlafanzughose schnuppernd nach ihnen sucht, um sie an sich zu nehmen, langsam, ganz langsam fortzutragen und auf seinem Schlaflager danach in Konfetti zu verwandeln ohne Sinn und Verstand. *Schnee im August!*

Hundeliebe ist ...,
... wenn du dem noch kleinen Hovawart nachsiehst, dass ihm die Dunkelheit draußen früh morgens und spät abends zunächst noch unheimlich ist und er dir genau deshalb nicht eine Sekunde lang von der Seite weicht. Bis er vor sich im Gras liegend mit einem Mal einen großen Ast erblickt und diesen augenscheinlich für eine Schlange hält, die sich ruckartig bewegt, sobald du sie mit dem Fuß zur Seite schiebst. Sam springt derweil zig Mal zunächst nach vorne und dann nach hinten, ohne das seltsame und plötzlich erwachte Stück Holz knurrend aus den Augen zu lassen. *Man kann ja nie wissen.*

Richtig *spooky* wird es dann, wenn ihr bei eurer Abendrunde auch noch dem alten Wolfram begegnet, dem chronisch griesgrämigen Waldkauz von nebenan, der mit drei schnellen Flügelschlägen über Sam hinwegsegelt und den Hund am Boden erstarrt innehalten lässt. Wolfram ruft dem kleinen Mann auf der Terrasse noch kurz etwas zu, in einer Tonlage, die einem alten *Edgar-Wallace*-Film mit Klaus Kinski entstammen könnte, bevor der Kauz hoch über dem ehemaligen Hühnerhof hinter zwei Birken verschwindet und dabei noch einmal ungehalten raunt.

Hundeliebe ist ...,
... wenn du mit deinem Hund in der Abendstunde durch den Nieselregen läufst und dabei zusiehst, wie sich sein Fell allmählich in

das eines Teddybären verwandelt, bevor er auf der Wiese verharrt und sich mit größter Vorsicht den ersten Schneeglöckchen nähert. Sie scheinen über Nacht dem Erdreich entwachsen zu sein und strecken ihre weißen Köpfchen nun neugierig nach oben. Für den Hund ist das in seinem ersten Lebensjahr etwas völlig Neues und nur mit Vorsicht zu beschnuppern. Es dauert eine ganze Weile, bis Sam die Kolonie aus grasgrünen Glockentürmchen als ungefährlich einstuft und sich wieder Wichtigerem zuwendet. *Wo um Himmels Willen liegt hier draußen nur mein Knochen? Und wo das Rinderohr? Habe ich sie vor zwei Wochen wirklich hier verbuddelt? Und wenn ja: wo genau? Gleich neben dem Postboten vielleicht?*

Hundeliebe ist ...,
... wenn du dem Hovawart ein hübsches Halsband aus rotem Leder kaufst, mit einem weißen Kreuz darauf. Das lässt Sam, in Kombination mit seinem neuen Gurtsystem in Signalfarbe, im Sonnenuntergang aussehen wie einen Rettungshund – nur dass er eben keiner ist: Retten würde der kleine Racker allenfalls nur uns. Und vielleicht noch, ihr ahnt es schon, das süße Collie-Mädchen aus der Nachbarschaft.

Hundeliebe ist ...,
... wenn du selbst als beinharter Musikfan deine Lieblingsalben aus den Siebzigern, Achtzigern und Neunzigern nur noch auf Zimmerlautstärke hörst, um den Hovawart bloß nicht zu stressen. Aber selbst das ist Eurer Durchlaucht immer noch zu viel: Spätestens beim legendären *Waking up the Neighbours*-Album von Bryan Adams sucht Sam brummend das Weite, um sich nebenan im Flur missmutig schnaufend niederzulassen. So klingt unser Kuschelrocker eigentlich nur, wenn ihm sein Collie-Mädchen zwei Wiesen weiter aus heiterem Himmel eine Abfuhr erteilt hat. Was aber zum Hundeglück nicht der Fall ist. Bei der nächsten Plattenbörse bleibt Sam also besser zu Hause. Neulich hat unser Racker auf vier Pfoten einen der drei CD-Türme im Wohnzimmer angeknabbert. Auf der

Suche nach guter Musik? Der zünftige Sound des Jagdhornbläser-Ensembles, das fünf Wiesen entfernt immer mittwochs am frühen Abend unter freiem Himmel probt und dann über das Wodantal hinweg zu hören ist, scheint Hovawart Sam alleine jedenfalls nicht zu reichen. *Die Fanfaren in der Ferne erinnern an den Krieg der Sterne. Und auch Rock im Blut tut jedem gut ...*

Hundeliebe ist ...,
... wenn du kein Problem mehr damit hast, dass das Sofa im Wohnzimmer zuweilen so aussieht wie der Schlafplatz eines Kannibalen – mit all den abgenagten Knochen und angespitzten Kauhölzern, die überall auf der Wolldecke verteilt sind und an zu kurz geratene Wurfspeere erinnern. Fehlt nur noch ein Lagerfeuer mit großem Suppentopf und ein Ensemble aus Knochen und Totenköpfen, neben dem der stets hungrige Hovawart Platz nimmt, um beim Blick aufs Meer von seiner einsamen Sofa-Insel aus nach frischem Fleisch Ausschau zu halten. *Ganz ohne Quatsch:* Auf Sammys Wolldecke sieht es zuweilen aus, als habe *Der Große Matumba* fernab kultureller Aneignung im Zeichen der Kirschblüte vor Kurzem ein Menschenopfer gefordert.

Hundeliebe ist ...,
... wenn du dich damit abfindest, deine guten und frisch gebügelten Sachen fürs Büro erst unten im Flur auf dem Weg zur Haustür anzuziehen, weil alles andere beim Frühstück mit Sam dank nasser Pfoten und feuchter Nase ohnehin sinnlos wäre. Der Hunde-Hoodie und die Jogginghose mit prägnantem Spurenbild und Hovi-Glitzer müssen daheim reichen. Alles andere kann warten und bleibt zur Sicherheit auch schon mal auf dem Kleiderbügel im Auto.

Hundeliebe ist ...,
... wenn du Sam nachsiehst, dass er auf dem Agility-Parcours im Garten bereits zum dreißigsten Mal unter dem Reifen entlangläuft, anstatt wie beim ersten Versuch ebenso elegant wie formschön hin-

durchzuspringen – dem großen Stück Fleischwurst entgegen, das ihn am Ende der Strecke zur Belohnung erwartet.

Hundeliebe ist ...,
... wenn du Hovawart Sam dabei zusiehst, wie er beim Aufrollen der Kabeltrommel im Garten wie ein geölter Blitz den Stecker am anderen Ende der gummierten Leitung verfolgt. Weil er fest davon überzeugt ist, dass es sich um eine schwarze Maus handelt, die den Hang hinauf über den frisch gemähten Rasen flitzt und dabei ihrem gut 25 Meter langen Mauseschwanz aus Gummi folgt.

Hundeliebe ist ...,
... wenn du vergeblich versuchst, Hovawart Sam im Sonnenaufgang ansprechend zu fotografieren, bei bestem Licht und in den schönsten Farben am Himmel. Während sich der Hund spontan dafür entscheidet, jede Regie-Anweisung lieber zu ignorieren und stattdessen von rechts nach links und von links nach rechts über die Wiese zu rollen wie ein verunglückter Erstklässler beim Schulsport.

Das wiederum liegt daran, dass der Bauer am Abend zuvor auf seinem tuckernden Traktor mit Anhänger hier entlanggefahren ist, um großflächig frischen Mist auf der Wiese zu verteilen. Ein Fest für die Sinne und offenbar ganz nach Sammys Geschmack, während Petrus hoch oben schon früh am Morgen Feierabend macht und seine große Lichtorgel wieder einpackt, um lieber ein paar mausgrauen Wolken das eigentlich blaue Feld zu überlassen. *Doch immer, immer wieder geht die Sonne auf: dann eben beim nächsten Mal.*

Flashbacks im Mondschein

Sehen Hunde mehr als Menschen? Spüren sie Präsenzen? Haben sie telepathische Fähigkeiten und wissen vorab, wenn Unheil droht oder sich etwas Gutes ereignet? Der Verfasser dieser Zeilen weiß nur eines: Draußen, wenn wir bei der Hunderunde im Mondschein über die Wiese gleich hinter dem Gartenzaun streifen, bleibt Hovawart Sam manchmal wie angewurzelt stehen. Er schaut dann wachsam nach vorne, wo eigentlich nichts zu sehen ist außer einem alten Weidezaun. Der stand schon windschief da, als ich noch klein war, und gleich hinter ihm liegt noch eine Wiese. Sie zieht sich bis ins Tal und bietet Fernsicht bis zum Langenberger Sender. Ist es sein rotes Blinklicht am Horizont, das Sam in seinen Bann zieht? Oder ist es etwas anderes, was nur Hunde sehen und spüren können – und wir Menschen nicht, aus gutem Grund?

Nur das ist sicher: Meine Mutter ist einst oft auf der Wiese nebenan unterwegs gewesen, auch am Abend, mit unseren Hunden, bei Wind und bei Wetter, schon ewig her und lange fort. Ist es möglich, dass sie immer noch hier draußen sind, in welcher Form auch immer – und dass nur Sam sie sehen oder spüren kann? Der Mondlicht-Moment mag täuschen, und des Rätsels Lösung ist einfach nur ein später Hase oder ein Fuchs, eine Feldmaus vielleicht oder eines der Rehe mit weißem Popo, eine Fährte im Wind oder etwas anderes, das sich wittern lässt über viele hundert Meter. Hunde haben feine Nasen und gute Augen. Bemerkenswert bleibt das hier in jedem Fall, im wahrsten Sinne des Wortes. Draußen im Mondschein, mit Hovawart Sam weiter vorne, Erinnerung im Herzen und mit der Ahnung vor Augen, dass keine Seele verloren geht, solange wir uns an sie erinnern.

Smartphone im Wassernapf

Unterwegs mit Hund bleibt dir nicht eine Sekunde, um auf ein Display zu schauen. Dein Begleiter auf vier Pfoten zwingt dich ganz *Old School* zu Aufmerksamkeit am Stück. Und damit auch zu deinem Glück, wenn ihr gemeinsam auf der Bank am Waldrand Platz nehmt und Seite an Seite Hasen und Rehe beobachtet, ganz analog. Was zählt, ist jetzt. Was zählt, ist draußen. Wie es in den Achtzigern auch schon *Stripped* auf den Punkt gebracht hat – ein großer Song von Depeche Mode: Unter freiem Himmel brauchst du keinen Fernseher. Und du brauchst erst recht nicht die smarten Flimmerkisten von heute, im Taschenformat, so praktisch und unverzichtbar sie mittlerweile auch sein mögen. Das neue Smartphone bleibt nach dem *Dog Day* erstmal im Karton. Denn das Leben wird auch in Zukunft größer sein als der Speicherplatz auf deiner SIM-Karte.

Bilderschau mit Retro-Charme. Unterdessen sammelst du mehr und mehr Bilder auf Papier, um ganz klassisch ein Fotoalbum anzulegen, wie es einst üblich war – vor dem Siegeszug der Festplatten. Vom Retro-Charme mal abgesehen, funktioniert das hier auch ohne Strom, gefüllt mit etlichen Weißt-du-noch-Momenten, als der Hovawart klein war und einfach so unter dem Wohnzimmertisch durchlaufen konnte, ohne sich den Kopf zu stoßen. Heute würde Sam sofort stecken bleiben und dem Tisch kurzerhand Fellbeine machen, bevor die darauf abgestellten Näpfe mit Handgriff, von Menschen auch als Tassen bezeichnet, eine nach der anderen der Schwerkraft folgen und zu Bruch gehen.

As Time Goes By. Die Zeit bleibt nicht stehen, gerade auch jetzt. Die Zahl der Momente? Wird größer und größer. Der Film aus Erinnerungen? Wird länger und länger. Wie schön ist es da, dass wir nun auch eine schöne Portrait-Zeichnung von Elvis besitzen, mit einem Dank an Dunja, der mit Abstand besten Hausarzt-Helferin der Welt. *Unser Hovawart, der den Hof verwahrt:* Ein Foto von Sam hat Dunja zum Zeichnen gereicht, mit Farbe und Seele, wie unser Hund es verdient. Und das hoffentlich noch lange: Die Ahnentafel kann warten.

Pipi mit Fiffi? Sam ist definitiv kein Fiffi, mit dem man morgens mal eben rausgeht, damit er Pipi machen kann. Sam ist ein Kraftwerk mit Hovawart-Power. Und er schöpft seine gefühlt einhundert Pferdestärken sofort aus, wenn er erstmal so richtig lostobt und davonsaust wie eine Mondrakete auf fliegenden Pfoten – mit der Nase im Windkanal und dem großen Stück Tau im Maul, das Herrchen auf dem Feld vorhin noch im hohen Bogen fortgeworfen hat, damit Sam es brav zurückbringt. *Denkwürdige Momente, wohin du auch schaust, wenn du dich traust.*

Hund bleibt Hund. Sam darf auch in Zukunft in jedem Moment ein Hovawart sein und sich auch so benehmen, wenn er mal wieder geradewegs ins Haus flitzt und beharrlich davon absieht, sich die Pfoten abzutrocknen. Uns reicht völlig, wenn wir das übernehmen und er sich nach dem Spaziergang im Regen viel lieber ans Handtuch schmiegt mit seinem ganzen Gewicht, um uns auf diese Weise zu zeigen, wie gerne er das hat. Und ganz gleich, wie viele menschliche Eigenschaften wir in ihnen auch sehen: Die Hunde an unserer Seite ersetzen niemals einen Arzt oder Therapeuten. Sie inspirieren uns im besten Fall, sie trösten uns durch Ablenkung, und sie bringen uns auf andere Gedanken. Sie machen uns Beine und haben das Zeug, uns aus jeder Lethargie zu reißen und uns den Horizont selbst in dunkelsten Zeiten zu zeigen. Das alleine ist schon jeden *Wuff!* wert.

Welt aus den Fugen. Und das auch am Abend nach einem langen Mittwoch, bei der *Tagesschau im Ersten*, wenn wir mit Hovawart Sam auf dem Sofa sitzen und all die Nachrichtenbilder betrachten von Hunger, Krieg, Terror und anderen Katastrophen rund um die Welt. Und uns dabei fragen, wie der Hund das alles wohl sieht, sobald er den Kopf hebt und im Fernseher mal wieder Wälder brennen, Flüsse zu reißenden Strömen werden und Menschen sich bis aufs Blut bekämpfen.

Sam hat das Zeug, dich das alles vergessen zu lassen für einen kleinen großen Moment. Und Pfote aufs Herz: Wer braucht schon so viele TV-Programme und Streamingdienste? *Don't Get Angry With Me:* Das aus der Zeit gefallene Musikvideo der Rolling Stones, das vor kurzem im linearen Fernsehen zu sehen war, um für eine neue Platte der nach wie vor putzmunteren Seniorenrunde zu werben, scheint dem Hovawart mit Rock & Roll im Blut dagegen richtig gut gefallen zu haben. Auf Zimmerlautstärke. Versteht sich.

Wasser marsch! Ein wenig unentschlossen ist der Hund mit seinen mittlerweile 43 Kilogramm Trockengewicht hingegen, sobald es unterwegs um die korrekte Kennzeichnung seines Territoriums geht. *Soll ich dazu jetzt auch mal ein Bein heben – oder besser nicht? Und wenn ja: Markiere ich damit dann mein Revier oder reviere ich damit mein Markier, wenn es dann doch noch nicht so klappt wie gedacht und ich mich mal wieder selbst treffe?* Wasser marsch: Helfen können wir Hovawart Sam auf der Suche nach Antworten nicht. Stattdessen verfolgen wir auch diese Darbietung beim Abendspaziergang betont gelassen. Weil wir wissen, dass Hunde allein schon durch die Leine spüren, wie ihre Menschen am anderen Ende gerade drauf sind. Das gilt für Anspannung ebenso wie für Freude – ganz gleich, wohin es gerade auch geht auf eurer gemeinsamen Reise.

ABBA-Moment am Sonntagmorgen

Sam lässt sich gerne auch mal das flauschige Fell rund um seinen Hals kraulen und brummt dann zufrieden. Bevorzugt am Sonntagmorgen, wenn es draußen mal wieder wie aus Kübeln schüttet und bevor es selbst bei diesem Hundewetter rausgeht zur ersten Runde auf der Wiese. Das warme Fell gleich unter Sammys Kopf ist fast so tief wie unser Wohnzimmer-Teppich in den Siebzigern, der damals überall so schwer in Mode war. Und in dem Matchbox-Autos und Airfix-Soldaten beim Spielen versinken konnten, ohne jemals wieder aufzutauchen. Der Hovawart brummt derweil noch zufriedener, je länger man mit ihm kuschelt. Fehlt nur noch, dass nebenan eine alte ABBA-Scheibe läuft, auf dem Plattenspieler, knisternd wie ein Lagerfeuer.

Take a Chance on Me wäre eine geeignete Nummer für diesen Moment und ein feiner Gruß durch die Jahrzehnte, wobei man in weinroten Plateau-Schuhen da draußen nur schwer eine Hunderunde drehen könnte. *Super Trouper* ginge aber auch, um den nostalgischen Augenblick nach Sams erster überstandener Magenverstimmung in der zurückliegenden Woche perfekt zu machen. Zehn Minuten später stellen wir uns im Landregen dann gemeinsam unter der alten Birke auf der Wiese unter und hören dem Wasser vom Himmel beim Prasseln zu.

Kraniche im Anflug

An einem Nachmittag im Spätsommer ist es dann so weit. Bei einem Spaziergang auf der Wiese gleich hinter dem Gartenzaun nimmt Hovawart Sam mit einem Mal im Gras Platz und lässt die fünf oder sechs oder sieben Maulwurfhügel, die sonst seine Qualitäten als Schaufelradbagger fordern, für einen Moment außer Acht. Denn am Himmel ereignet sich ein ebenso grandioses wie erhabenes Schauspiel, das der Hund zum ersten Mal in seinem Leben erblickt: vierzig oder fünfzig Kraniche nähern sich hoch über unseren Köpfen in V-Formation auf ihrem Weg ins Winterquartier.

Ihr Rufen im Chor ist schon von Weitem zu hören und beansprucht Sammys ganze Aufmerksamkeit. Wohin es die vielen Flieger da oben wohl zieht? Und warum sind sie dabei so laut und folgen einer endlosen Reihe, die jemand mit dem Lineal gezogen hat? Sam lässt den symmetrisch dahinsegelnden Vogelschwarm am Himmel nicht einen Moment lang aus den Augen und späht zu ihm hoch, über die Bäume hinweg. Ganz vorne steht eine alte

Eiche. Ihr Laub hat schon vor Wochen die Farbe von Inka-Gold angenommen und beginnt beim kleinsten Sonnenstrahl sofort zu leuchten.

Und während wir hier draußen den Kranichen zuschauen, ist alles, was auch nur ansatzweise mit Uhren, Telefonen, Displays, Apps, Messenger-Diensten, Bildschirmen, Push-Pling-Push-Nachrichten, Statusmeldungen und sonstwas zu tun hat, auf einen Schlag vergessen. Das gilt für deinen Pulsmesser und den Schrittzähler ebenso wie für deine Smartwatch.

Du suchst das passende Kontrastprogramm zur digitalen Welt? Hier ist es: Es bewegt sich gerade in V-Formation am Himmel und hat neben dir auf der Wiese Platz genommen mit Blick nach oben. Du hast dich vor dem Kranich-Moment an der Seite eures Hundes gefragt, was du heute noch alles in der Timeline erledigen musst? *Geschenkt: Erledigen musst du hier draußen gar nichts.* Unterwegs mit Hund und beim Blick in den Himmel voller Kraniche lässt du die schnellen, lauten und oft auch substanzlosen Zeiten, in denen wir leben, einfach mal hinter dir. Und richtest deinen Blick wieder auf das Hier und Jetzt.

Und auch in diesem kleinen großen Augenblick verhält es sich mit einem Hund an deiner Seite wie mit einem Kind: Du wirst die besten gemeinsamen Momente verpassen, wenn du unterwegs nur nach unten auf dein Handy schaust und dir selbst die wertvollsten Sekunden fragmentieren lässt, weil du ja sonst etwas Wichtiges in deinem Leben verpassen könntest. Du brauchst heute auch kein Beweisbild. Du erlebst den Moment und dokumentierst ihn nicht. Das hier kann ohnehin keine Kamera eins zu eins festhalten. Das hier kannst du nur mit eigenen Augen sehen und erleben, bevor es für eine Zugabe gleich noch einmal nach draußen geht mit dem alten Werkzeugkasten aus Holz und ein paar neuen Schrauben aus Eisen, um den Bretterzaun Marke Bullerbü, den du vor dem Hundesommer eigens für Hovawart Sam aufgestellt hast, nun herbst- und winterfest zu machen. Während sich in der Ferne bereits das nächste Kranich-Geschwader nähert und du mit dem Hofwächter gleich neben dir noch einmal nach oben schaust.

Hier draußen hast du mit etwas Glück kein Netz. Du wirst auch keines brauchen, bis der Himmel hoch über euch wieder leer ist und es den Hovawart langsam aber sicher in der Dämmerung nach Hause zieht. Wir gehen erst rein, als auch der letzte Reisevogel am Horizont verschwunden ist und wir gesehen haben, dass unsere Stunden am Boden dahinfliegen wie Kraniche am Himmel.

Elvis und der erste Schnee

Und dann naht auch schon der Winter im November und Dezember. Der erste für den jetzt schon fast sieben Monate alten Sammy.

Als es eines Abends wieder mal nach draußen in den Garten und von dort aus auf die Wiese geht, sieht sich der Hovawart im Schein der Stablampe mit einem Mal dicken Flocken gegenüber, die in Scharen vom Himmel rieseln. *Wattebäusche ohne Ende: Wie cool ist das denn?* Das scheint jeder Hundeblick zu sagen, als Sam durch den ersten Schnee seines Lebens stapft. Unterwegs schnuppert der Hovawart an gut tausend Grashalmen in Schockstarre, um das gefrorene Wasser an ihnen abzuschlecken wie ein zu klein geratenes Speiseeis an der Promenade.

Wenig später steht fest: Wie schon vor Wochen, im Sand am Strand, kann man als Hund auch im Schnee vor der Haustür hervorragend buddeln.

Am Abend und in der Nacht fällt mehr und mehr Schnee, der liegen bleibt und all die Betriebsamkeit da draußen zudeckt. Spätestens jetzt wird Sam bei jedem Spaziergang zu Elvis und transportiert dann gerne auch mal ein kugelrundes Stück Eis, das er unterwegs aufgelesen und sich unauffällig zwischen die Zähne geklemmt hat, hoch erfreut ins Haus. Dort schaut er dem Fundstück gespannt beim Auftauen zu, auf dem warmen Fliesenboden in der Küche, und fragt sich, ob so der Winter schmeckt. Der Anfang ist gemacht und lässt erahnen, wie sehr Junior noch ausflippen wird, sobald die Schneedecke da draußen geschlossen und hart gefroren ist. Und Elvis als Hovawart außer Rand und Band wie ein Snowspeeder durch die Eiswelt sausen kann ohne Rücksicht auf Verluste.

Zuckersüß an der Spülmaschine

Beim Inhouse-Zwischenstopp widmet sich Elvis der offenstehenden Spülmaschine und versucht mit langem Hals, irgendwie dann doch noch an die beiden Rührstäbe des Mixers zu gelangen, an denen immer noch zuckersüßer Kuchenteig klebt. Wäre der Hund jetzt nur eine Giraffe, wie er sie bereits aus etlichen Tier-Dokumentationen in der Mediathek kennt! Oder ein Elefant mit stattlichem Rüssel! So allerdings wird die Spülmaschine gerade noch rechtzeitig zugeklappt, während Sam nun einen nachdenklichen Blick durch die Scheibe des Backofens nebenan wirft und sich zu fragen scheint, was um Himmels Willen eigentlich *Weihnachtsplätzchen* sind.

Gewufft wie: Wie gut, dass die Lieblingsmenschen bei der Erziehung ihres Hundes auf einer Linie bleiben und nichts durchgehen lassen, was der Partner bereits verboten hat. Zuckersüß sind aber nicht nur die Plätzchen im Ofen, als sich Hovawart Sam wieder einmal mit theatralischem Seufzen zu Boden sinken lässt, um nach dem Einschlafen abwechselnd mal von Backmischungen und mal von Schneeflocken zu träumen.

Am nächsten Morgen ist es dann endlich so weit: Alles draußen ist jetzt schneeweiß! Der Hund schaltet beim Rausgehen spontan auf Allpfotenantrieb um, während sich ein paar Wiesen weiter das erste Räumfahrzeug dieses endlosen Wintertages über die Landstraße quält, um uns auch hier draußen die Zivilisation zurückzubringen – notfalls mit Streusalz. Sam beobachtet das zunächst sinnlose Treiben von der Schlittenwiese aus, während seine warme Nase den Schnee auf ihrer Spitze spätestens beim nächsten Atemzug tauen lässt und der Eiswind versonnen mit dem Fell auf den Hovawart-Ohren spielt.

Spätestens jetzt zahlt sich beim Reingehen aus, dass der Hund dank antrainierter Rituale kein Problem damit hat, sich nacheinander die Pfoten a bis d mit einem Handtuch abtrocknen zu lassen, sobald die Terrassentür wieder geschlossen ist: Zu genau diesem Zweck nimmt Sam artig auf der Schmutzfangmatte im Wohnzimmer Platz und lässt sich die Läufe nacheinander von Schnee und Eis befreien, während er immer wieder versucht, die Nase des Rudelführers abzuschlecken als Ausdruck tiefster Verbundenheit. Besonders herausfordernd sind die Eisstückchen in Erbsenform, die sich beim Abtrocknen erst nach und nach aus dem Hundefell lösen und vom Hovawart dann als willkommene Erfrischung verschlungen werden.

Abschließend wird noch einmal der komplette Hund mit dem Handtuch frottiert, auch wenn das gar nicht notwendig wäre. Aber Sam mag das und gibt ein zufriedenes Brummen von sich, bis auch dieses Ritual beendet und alles wieder trocken ist.

Jetzt geht's rund mit Schlittenhund!

Der Winter geht schon in Sammys erstem Jahr in die Verlängerung: Beim zweiten Mal schneit und friert und schneit und friert es noch mehr. So stapfst du früh morgens Seite an Seite mit dem Hovawart durch die nun tiefe weiße Pracht – vorbei an der Schlittenwiese, die du einst als Kind tagelang befahren hast, mit all den anderen Jungs und Mädchen aus der Gegend hier.

Mit Anfang fünfzig wagst du dich noch einmal auf die Kufen und fährst nun eben nach Feierabend den Berg hinab. Elvis steht derweil weiter oben und weiß zuerst nicht so recht, was er von der spontanen Schussfahrt seines Herrchens halten soll. So hockt der Hund noch etwas unentschlossen neben der Rudelführerin ganz oben am Startplatz – und begibt sich im Mondschein dann doch noch an die Verfolgung des pfeilschnell davonsausenden Schlittens. Einholen kann Sam ihn allerdings nicht mehr. Beim Hinterhersprinten sieht er zu, wie das unheimliche Ding aus Holz Sekunden später in den Tiefschnee am Fuß der Bergwiese rauscht. Wie schließlich auch der Hovawart zwei Atemzüge später. *Dann eben beim nächsten Mal! Aber sag mal, Herrchen: Müssen wir beide jetzt wirklich noch einmal den ganzen Berg rauflaufen?*

Tauwetter am Kaminofen

Sonntag früh bekommst du bei der ersten Schneerunde draußen mit Hovawart Sam um 7.40 Uhr auch noch ein spektakuläres Morgenrot und bald schon einen Sonnenaufgang am Himmel zu sehen, den du sonst garantiert verpasst hättest. *Danke auch dafür, du kleiner, großer Hovawart!* Und das auch für deine unglaubliche Geduld, wenn du nach der Rückkehr ins Haus seelenruhig auf dein Futter wartest, während ich das alles hier auf Notizzettel schreibe. Zur Belohnung gibt es gleich noch eine Extra-Portion Schnee aus den Handflächen, taufrisch von draußen mitgebracht. Und während sich der Schnee nach und nach in Wasser verwandelt und den durstigen Hund abermals vor physikalische Rätsel stellt, ist die Welt offline sowas von in Ordnung: Elvis schlürft, Elvis schmatzt, und seine herabhängenden Ohren bewegen sich dabei immer im Takt.

Nachher werden sich unsere Winterjacken auf den Stuhllehnen am Wohnzimmertisch, gleich neben dem Kaminofen, auf mysteriöse Weise auf und ab bewegen. Was daran liegt, dass der Hovawart weiter unten tief in den Jackentaschen mit seiner Nase beharrlich nach Leckerchen sucht. Und sofort innehält, sobald man mahnend seinen Namen ruft. Der auf frischer Tat ertappte Taschendieb auf vier Pfoten wedelt dann alles andere als schuldbewusst mit dem Schwanz, bis der Hundekopf Stück für Stück wieder zum Vorschein kommt, die Tasche schweren Herzens verlässt, Sam leise seufzt und mit der Nase voran schließlich auf die nächste Jacke zusteuert.

Und dann sind da noch die nicht minder mysteriösen pyramidenförmigen Erhebungen im Schnee, die am Abend zuvor noch nicht da waren. UFO-Landeplätze? Relikte einer untergegangenen Zivilisation? Das Licht der Taschenlampe liefert die Antwort: Es handelt sich um eine frisch errichtete Kolonie klassischer Maulwurfhügel, bestehend aus etlichen Steinchen, Mutterboden und Wurzelresten.

Sam schnuppert auch hier, was das Zeug hält. Und scheint sich zu fragen, wie die fleißigen Kerlchen unter Tage sowas selbst bei Dauerfrost hinbekommen. Letzten Endes liegt der Fall aber auch hier klar auf der Hand: Wir befinden uns schließlich im Ruhrgebiet, und unter Tage scheint zumindest in dieser Gegend noch alles beim Alten zu sein. Ob die kleinen Racker bei der Arbeit wohl auch Helme und Grubenlampen tragen? Das scheint sich der Hovawart beim Beschnüffeln der Pyramidenhügel zu fragen, bevor er mit Erdreich auf der Nasenspitze weiter durch den Neuschnee stapft – auf dem Weg ins nächste Abenteuer.

Neujahrshund mit Holzantenne

Die erste Silvesternacht seines Lebens verbringt Hovawart Sam relativ entspannt und absolviert selbst den Schlager-Marathon im Fernsehen in Seelenruhe. Was auch daran liegt, dass der Hund als Welpe schon einmal einen ersten Böllerknall gehört hat – wenn auch längst nicht so laut und nur zu Trainingszwecken, dafür aber gemeinsam mit seinen Geschwistern. Dank bester Vorbereitung auch dieser Art macht Sam das von Menschen gemachte Gewitter auf dem Weg ins neue Jahr kaum etwas aus. Am Neujahrsmorgen geht es dann wie gewohnt raus auf die Wiese. Dort findet der Hund prompt die Überreste einer Silvesterrakete und versucht, diese zuerst zu bergen und dann spontan zu verspeisen.

Mit dem Holzstab in der Schnute, gleich hinter seiner schwarzen Nase, sieht der Hund aus, als wäre er nun mit einer Antenne bestückt. Doch auch das scheinbar schmackhafte Wrack aus der Silvesternacht ist schnell vergessen, als der prall gefüllte Beutel voller Neujahrs-Leckerchen aus der Jackentasche gezogen wird. Pfeilschnell ist Sam alias Elvis zur Stelle. Einen Moment lang scheint er sogar zu lächeln und seinen beiden Lieblingsmenschen ein gutes neues Jahr zu wünschen. *Und jetzt mal her mit dem Futter!*

Sternenzelten – wann immer es geht

Und wenn du erst einmal runtergebremst bist, im ersten Jahr des Hundes, wirst du erleben, wie erhaben Stille ist. Dazu geht ihr nach Sonnenuntergang einfach nach draußen, in den Garten, auf die Wiese, auf den Feldweg und nehmt die Taschenlampe nur für die ersten hundert Meter mit. Sobald ihr dann draußen seid und ganz unter euch, schaltest du die Lampe aus. Und wartest an der Seite des Hundes darauf, dass sich eure Augen an die Dunkelheit gewöhnen.

Genieße die Stille: Nichts zu hören. Nur zu sehen. Und was euch da oben am Himmel ohne Wolken geboten wird, ist beeindruckender als alles, was dir das Heimkino in Full HD jemals bieten wird. Das hier ist echt. Das hier ist groß, und jetzt mal so richtig: 360 Grad Sternenmeer. Wie alt das alles wohl schon ist? Wer hat das alles vor uns schon gesehen und wird es nach uns tun, in einer anderen Zeit? Was erwartet uns am Firmament, zwischen all dem Funkeln und Glitzern? Gibt es irgendwo da oben ebenfalls Hunde? Und wenn ja: was für welche?

Nichts zu hören und nur etwas zu sehen: Himmel, Mond und Sterne, so weit ihr schaut. Mittlerweile hat sich auch der Hund ins Gras gesetzt und wartet auf das, was jetzt wohl kommt. Eine Sternschnuppe? Oder ein Flugzeug, ganz weit oben und ganz weit weg? In jedem Fall gibt es nachher eine Belohnung für all die Geduld. Dafür, dass Sam nicht einfach weitergelaufen ist, weil ihm Sterne im Grunde genommen schnuppe sind. Was folgt, sind fünf Minuten Stille. Fünf Minuten Andacht ohne ein Wort. Sie zeigt euch beim Blick in die Sterne, dass vieles, was uns bei Tag auf der Erde beschäftigt, bewegt und manchmal auch bedrückt, belanglos ist für den Lauf der Dinge. Fünf Minuten feinstes Sternenzelten, in denen du das Lichtermeer hoch über euch rauschen hörst, in Gedanken. Bis du die Taschenlampe wieder einschaltest und ihr in ihrem Schein auf dem Boden der Tatsachen steht. *Komm, Sam. Wir gehen nach Hause.* Und die Sterne leuchten immer noch. Manchmal ist das Leben ganz einfach.

Auf Wiedersehen und bis bald!

Nur noch wenige Tage, und unser Hovawart mit Rock & Roll im Blut wird ein Jahr alt. Seinen Geburtstag werden wir maßvoll feiern und Sam einen Extra-Knochen spendieren. Wie schnell die Wochen vergangen sind: Vier Jahreszeiten haben wir gemeinsam erlebt und waren oft draußen. Im warmen Sonnenschein wie auch im strömenden Regen. Im heftigsten Sturm wie auch bei dichtem Schneefall. Wir haben zusammen im Sand gewühlt und die Wellen am Strand beobachtet. Wir sind im Schnee Schlitten gefahren und haben Tag für Tag voneinander gelernt.

Und wir freuen uns auf die weitere Reise mit Sam. Im Frühling, im Sommer, im Herbst wie auch im Winter: Hunde kennen keinen Rückwärtsgang. Das haben sie uns Menschen voraus. Für sie geht es immer nur nach vorne. Für sie geht es immer nur geradeaus. Ohne Tage im Takt und ohne die Option, auf Abstand zu gehen, sobald es ungemütlich wird mit der Nase im Wind. Das hier gilt ein Leben lang, wie Wiltrud und Winfried es uns schon am *Dog Day* mit auf den Weg gegeben haben. Und womit sie den Kreis mit Hovawart nun zielsicher schließen: *Der beste Freund, den du jemals haben wirst. Ein treuer Gefährte, der dich mehr lieben wird als sich selbst.*

Dem ist nichts hinzuzufügen. Auch in Erinnerung an unsere früheren Familienhunde, die schon lange jenseits der Regenbogenbrücke unterwegs sind und die wir hier nicht vergessen. Ob Molli oder Tino, ob Senta oder Jonas: Ihr bleibt in unseren Herzen. Gerade auch dann, wenn wir *elvislike* auf das Sternenzelt hoch über

114

uns schauen und gemeinsam mit Hovawart Sam den Mond über dem Ruhrgebiet anheulen, an seinem ersten Geburtstag, weil das alleine Sinn ergibt.

Gruß am Himmel. Und neulich, wir waren mal wieder auf der Wiese unterwegs, sind wir draußen tatsächlich einem Regenbogen begegnet. Am Himmel in der Ferne hat er sich abgezeichnet – mit einem Mal, in blassen Farben. Haben ihn uns die Hunde geschickt, die einst hier zu Hause waren und immer noch da sind? Hovawart Sam ist einfach im Gras sitzen geblieben, um wie üblich ins Tal zu schauen, zwischen schaukelnden Halmen, im Windkanal, wie eine Fahne mit Fell. In diesem Moment hätte man den Hund auch durch ein Megaphon rufen können, ohne dass er reagiert. Bis Sam irgendwann dann doch noch hört, sich langsam erhebt, mit einem Mal durchschüttelt und mit großen Augen zurück in den Garten flitzt, weil es Futter gibt.

Ruhe bitte. Das haben wir in der Praxis beim Tierarzt ebenfalls gesehen: Am Empfang steht eine Kerze, mit der Bitte um Stille im Tagesbetrieb, weil auch heute jemand sein geliebtes Tier gehen lassen muss. Einen Hund vielleicht? Oder eine Katze? Einen Wellensittich oder einen Hamster? Ganz gleich, wen und was auch immer: Wir werden auch in Zukunft niemanden belächeln, der um seinen Wegbegleiter trauert, vom Goldfisch bis zum Pferd. Auch wir sind bei Sams erster Untersuchung der Bitte an der Kerze gefolgt und waren im Wartebereich so leise wie möglich und haben unseren Hund dabei immer mal wieder in den Arm genommen. Und wir werden das wieder tun, solange es uns möglich ist.

Hundeliebe ist ...
... wenn du am Laptop die letzten Zeilen dieses Buchs hier schreibst, dabei irgendwann mit deiner rechten Hand nach der Maus greifst, ohne dich vom Bildschirm abzuwenden – und feststellen musst, dass der Signalgeber mit einem Mal Fellohren be-

kommen hat. So schaust du zur Seite und direkt in Sams Hovawart-Kulleraugen, nachdem der Hund heimlich, still und leise neben dem Bürostuhl aufgetaucht ist und seinen Kopf ganz langsam auf die Schreibtischplatte gelegt hat. Die echte Maus an deinem Computer hat der Hund mit seiner Nase derweil ein Stück nach vorne geschoben, gleich neben den Becher mit Bleistiften. Kein Wunder also, dass sich der Cursor im Text nun nicht mehr bewegt. Viel gibt es ohnehin nicht mehr zu schreiben.

So sind wir hier nun auf der Reise. Gemeinsam mit Sam legen wir die Strecke zurück, Etappe für Etappe, wohin sie uns auch führen mag. In den Wochen und Monaten nach dem *Dog Day* hat der Hovawart seinen Platz bei uns eingenommen und hält das Leben fest im Blick. Gut möglich, dass Sam schon immer bei uns hier draußen war, irgendwie. Das zu spüren, in diesem Moment, macht uns drei auch heute aus. *Ein Hund zum Glück, und zum Glück ein Hund.*

NICHT ZU VERGESSEN ...

... nach gut einem Jahr Schreibzeit an diesen Seiten: Danke an alle, die mit Hovawart Sam und seinem Rudel hinter den Kulissen am Buch hier mitgearbeitet haben. Und das nicht zuletzt an Michael Itschert und sein engagiertes Team beim Gardez! Verlag. Dafür, dass ihr dieser Reportage aus dem Herzen ein literarisches Zuhause gebt.

... folgt Hector W. Schmitz und dem Verleger Michael Itschert gerne auch bei Facebook (links) und Instagram (rechts): Hier findet ihr viele weitere Fotos – wie auch Videoclips, aktuelle Infos und Fun-Facts zum Buch. Auch über Live-Termine und Events rund um die WUFF! LESETOUR halten wir euch hier auf dem Laufenden.

Der Autor

Hector Wilhelm Schmitz, Jahrgang 1970, ist Redakteur, Schriftsteller, Lektor und im Ruhrgebiet auf dem Land aufgewachsen – und das stets an der Seite treuer Familienhunde. Nach dem Studium der Geschichte an der Ruhr-Universität Bochum und seinem Volontariat bei einer großen Tageszeitung hat er lange Jahre als Journalist gearbeitet. Mittlerweile ist Hector W. Schmitz in der Unternehmenskommunikation tätig. Seit 1985 schreibt er Bücher, hat Thriller und Short-Story-Sammlungen veröffentlicht und wurde für sein literarisches Schaffen mehrfach ausgezeichnet. Neben Unheimlichem, Schrägem und Kriminellem verfasst er Reportagen aus dem Herzen – wie diese hier über den besten Freund des Menschen. Hector W. Schmitz performt seine Stories gerne auch live und ist dabei immer für Überraschungen gut.